孔夫子与
欧洲思想启蒙

〔韩〕黄台渊 〔韩〕金钟禄 /著
〔韩〕卢 珍 /译

人民日报出版社
北 京

图书在版编目（CIP）数据

孔夫子与欧洲思想启蒙 / (韩) 黄台渊, (韩) 金钟禄著; (韩) 卢珍译. —— 北京：人民日报出版社，2020.6
ISBN 978-7-5115-6406-1

Ⅰ.①孔… Ⅱ.①黄… ②金… ③卢… Ⅲ.①孔丘（前551-前479）—哲学思想—研究②哲学—文化交流—文化史—研究—中国、欧洲 Ⅳ.①B222.25②B2③B5

中国版本图书馆CIP数据核字(2020)第084969号

著作权合同登记号 图字：01-2020-2452
공자, 잠든 유럽을 깨우다
by 황태연, 김종록
Copyright © 황태연·김종록, 2015
Simplified Chinese Copyright © People´ Sdaily press, 2020
All Rights Reserved.
Simplified Chinese edition published by People´ Sdaily press arranged with Gimm-Young Publishers, Inc.
through 韩国连亚国际文化传播公司（yeona1230@naver.com）

书　　　名：	孔夫子与欧洲思想启蒙 KONGFUZI YU OUZHOU SIXIANGQIMENG
作　　　者：	〔韩〕黄台渊　〔韩〕金钟禄 著　〔韩〕卢珍 译
出 版 人：	刘华新
责任编辑：	袁兆英　刘晴晴
封面设计：	邢海燕
出版发行：	人民日报出版社
社　　　址：	北京金台西路2号
邮政编码：	100733
发行热线：	（010）65369509　65369527　65369846　65363528
邮购热线：	（010）65369530　65363527
编辑热线：	（010）65363105
网　　　址：	www.peopledailypress.com
经　　　销：	新华书店
印　　　刷：	北京中科印刷有限公司
法律顾问：	北京科宇律师事务所 010-83622312
开　　　本：	880mm×1230mm　1/32
字　　　数：	221千字
印　　　张：	9.5
印　　　次：	2020年6月第1版　2020年6月第1次印刷
书　　　号：	ISBN 978-7-5115-6406-1
定　　　价：	58.00元

前言

我们不曾知晓的近代欧洲文明的真实情况

"孔子竟是18世纪欧洲启蒙主义的守护圣人?"

西欧盲从主义者绝不肯相信这一点。他们认为,近现代以来主导世界思想史的西方绝不可能引进过孔子思想。但这是一个确定无疑的史实,本书里翔实的实证史料足以证明这一点,同时这本书还包含了许多东西方之间饶有趣味的哲学交流故事。东亚热潮曾一度席卷欧洲,是欧洲14世纪文艺复兴的物质基础,而孔子热潮则成为18世纪启蒙主义的精神基础,甚至华丽的洛可可文化也是东方儒家文化的复制品。法国曾发生过一场东方批判与东方赞美之间的激战,其中心人物便是孟德斯鸠、伏尔泰,以及经济学的创始人——弗朗索瓦·魁奈。英国经济学者莱利斯·杨格在他1996年发表的论文中指出,亚当·斯密所谓"看不见的手"剽窃了司马迁的"自然之验",并断言斯密的自由市场经济学乃是"中国产"的。说到这里,你大概会情不自禁地点头称是了。

那么,孔子儒家哲学是如何传入欧洲的呢?

以利玛窦为例,他出生于意大利,是罗马天主教会的一位司祭,他是在中国传播天主教的第一人,像他这样的传教士为了有效地向中国传播天主教,必须学好中国文化,即所谓的"适应主义传教"。因此,他们自然而然地接触到了孔子,以及孔子所说的"天"。在翻译孔子学说的过程中,他们为孔子的魅力所折服,以至于他们开始反过来向欧洲传播孔子思想,这让孔子热潮在欧洲社会风靡一时;甚至有人认为,欧洲不该向中国派遣传播天主教的传教士,而是反过来应从中国邀请传播孔子思想的传教士。总而言之,孔子的思想在欧洲掀起了轩然大波,自孔子儒家哲学渗透至欧洲社会以来,经院哲学在它面前显得不堪一击。

从本书引证的资料来看,在18世纪以前东方经济一直都位列世界第一。中国作为一个文明国度,自发地放弃了帝国主义,而朝鲜的英祖、正祖时代在个别技术领域甚至超越当时的中国。既然如此,到了近代开化期即东西方文明的更迭期时,东方为何会遭到西方列强的碾压,深陷于西欧情结的泥淖之中不能自拔呢?

18世纪的中国自给自足,没有接受其他文化的欲望,而对于任何的文明来说,停滞也就意味着退步。中国没落的原因就在于过度的自矜,他们沉浸在繁荣与富足之中,对西方没有任何的关注,甚至自负到把西方称为"蛮夷"的地步。恰恰相反,16至18世纪的欧洲,对东方与世界的其他地方给予了充分的关注,他们环视世界,持续进行了改革与开放,接受世界各地的文明和文化,这才让西方文明之花得以绽放。

近代政治是一种民主主义的政治,近代经济则具有市场经济的特点,而从社会的角度来看,近代是一个发现"个人"的时代,但近代的问题在于帝国主义化。整个19世纪,西欧列强都忙于掠夺世界,并宣称这是一种"天命"(Manifest Destiny)。他们打着文明开化的旗号,企图建立强大的殖民帝国。随着帝国主义者的不断开拓与膨胀,他们的体量像气球般不断膨大,而所谓的"天命"不过是他们牵强的借口,所谓的"文明开化",则是一种"暴力的世界化",是披着文明外衣的野蛮行径。

前言

东亚的中日韩三国很久之后才开始学习西方,并奋起直追。如今,三个国家的发展水平已经几乎达到了西方水平,在某些方面甚至超越了西方。所以,我们也终于有了充分的余力,让我们摆脱西欧情结,重新审视文明史。自2010年起的两年多时间里,笔者曾在某家报纸上连载了对韩国近代历史现场的调查记录,这么做的目的在于警醒国民不忘一百年前即1910年韩日合邦之耻,告诉大家要丢掉自卑感,制订一种属于文化领导者的战略。开化期虽然是黑暗的,但我们必须从中找到韩国人的底气,使其成为今天经济飞跃与文化昌盛的根据,这是拙著《近代散步》出版的主旨所在。而本次出版的《孔夫子与欧洲思想启蒙》也是这一企划的一个环节。在通读了黄台渊教授的主要著作与论文、与他见了20多次、进行了诸多讨论以后,才终于编纂出了这样一部教育图书。

黄台渊教授是一位精通东西方哲学交流史的学界泰斗。不仅如此,他还是将孔子的思想阐述透彻并将其哲学化的政治哲学家。如果你通读了黄台渊教授的孔子三部曲《实证周易》(全2卷)、《孔子与世界》(全5卷)、《情感与共鸣的解释学》(全2卷)以后,就会知道我的这种主张绝非臆断。他从孔子儒家哲学的核心词"经验"出发,把"学而思"阐释为一种经验论的依据,它足以克服合理论的缺点。他认为,唯有如此,人们才不会把经验知识绝对化,这有效避免了朴素的经验论;人们也不会把教条变成必然的真理,这有效避免了合理论,而这才是谦逊的、忠实于中庸的认识方法。西方的合理主义把理性神格化,压抑人的情感,这最终会走向科学的独裁与自然征服的意识形态。各种变化无常的合理主义里,充斥着诸如现代版"哲人统治者"的右翼独裁思想、弗里德里希·尼采的"科学的种族主义"思想等等,它们导致了各种镇压、独裁以及动用了各种大规模杀伤性武器的战争,使多少人惨遭杀戮,又使自然遭到了多少无法挽回的破坏!

孔子称他的道是"一以贯之",他的弟子曾参将其这种思想阐释为"忠恕",而黄台渊教授再次将其阐释为"恕以忠之",并把它归纳为一种科学的方法论,即"共鸣阐释学",这是一种惊人的洞察与分析,是之前研究东方学的学者未曾想到的。

黄台渊教授游弋于东西方哲学的海洋里,在思想的狂飙突进时代激流勇进。自在德国法兰克福大学留学,20多年来,他每天有15小时都在苦读东西方地理大发现期间的经典著作原典,并笔耕不辍,不愧是一位学术勇士。他涉猎甚广,不仅熟读柏拉图、康德、叔本华、达尔文,对孔子、孟子和《史记》《周易》的哲学也了然于胸,为了阅读理学奠基人朱子的著作,他还编纂了《朱熹汉文小词典》。通常,钻研西方哲学的人并不了解东方哲学,而专攻东方哲学的人往往也不懂西方哲学,而他却对东西方的哲学都十分精通。黄台渊教授详细地揭示出:17世纪萌芽、18世纪达到顶峰的西欧启蒙主义的原理,其实是经过各种途径传播到欧洲的孔子儒家哲学,本书中的许多引文都是从他所揭示的原典资料中寻绎出来的。

黄台渊教授同笔者一样,都希望用心理解孔子与《周易》哲学的深奥意义,并对西欧帝国主义以后的人类文明史怀有密切的关注。"二人同心,其利断金。同心之言,其臭如兰",所言不虚。笔者希望这芬芳的"同心圆"能够在韩国、甚至是东亚之间广为传播,重筑东亚的文化自信。正如本书中所详细披露的那样,西方哲学与西欧社会表现出了明确的局限性,人类要抵达充满希望的未来,东方的知识分子必须占有一席之地。

金钟禄于丌山文渊

目录

第一章　被驱逐的哲学家 …………………………………… 001

第二章　孔子的闪电杖 ……………………………………… 009

火药、罗盘、印刷术成为文艺复兴的物质基础……………… 011
出版孔子的热潮点燃思索的焰火……………………………… 019
洛可可，儒家文化的复制……………………………………… 028
希腊哲学苍白无力的反击……………………………………… 035

第三章　在理性的世界里播撒感性的种子………………… 041

伊壁鸠鲁学派的复兴与演变成灾难的思想………………… 044
坎布兰主教，用仁爱代替泛指的爱………………………… 050

莱布尼茨，把孔子儒家哲学视为人类发展的天意 057
蒙昧的欧洲巫师之间的有神论与无神论之战 064

第四章 有关东方世界的诽谤与礼赞并存之地——法国 073

诽谤东方的思想家孟德斯鸠 076
中国歌颂者伏尔泰批判孟德斯鸠 083
伏尔泰将生死置之度外的思想斗争 090
驱逐传教士的来龙去脉 095
席卷欧洲剧院的《中国孤儿》 101
顺应亲华潮流的卢梭 106

第五章 欧洲的孔子——魁奈，近代经济学的开创者 115

魁奈的沉默并非偶然 117
民富之国 125
圣人治天下，使有菽粟如水火 133
魁奈的政治遗言 140
中国是魁奈的理想国 149
瑞士，欧洲最穷国家变身世外桃源 152

第六章 英国，低调而迫切地接纳孔孟哲学 159

英国绅士羡慕中国儒生 162

打造最庞大民主国家的休谟⋯⋯⋯⋯⋯⋯⋯⋯⋯⋯⋯⋯⋯ 167
谨慎的亚当·斯密,隐秘的抄袭⋯⋯⋯⋯⋯⋯⋯⋯⋯⋯ 177
司马迁,经济学界名副其实的"亚当·斯密"⋯⋯⋯⋯ 184

第七章　工业革命的领袖是中国而非英国⋯⋯⋯⋯⋯ 191

10 世纪时宋朝的工业、商业革命⋯⋯⋯⋯⋯⋯⋯⋯⋯ 194
18 世纪以前东亚经济为世界之首⋯⋯⋯⋯⋯⋯⋯⋯⋯ 201
自发放弃帝国主义的文明之国⋯⋯⋯⋯⋯⋯⋯⋯⋯⋯ 206
英祖、正祖时代的朝鲜经济位居世界前列⋯⋯⋯⋯⋯ 211

第八章　论拼缀(patchwork)文明⋯⋯⋯⋯⋯ 217

东亚儒家文化圈的定位⋯⋯⋯⋯⋯⋯⋯⋯⋯⋯⋯⋯⋯ 220
超越冲突与融合的拼缀文明⋯⋯⋯⋯⋯⋯⋯⋯⋯⋯⋯ 223
为何再提孔子⋯⋯⋯⋯⋯⋯⋯⋯⋯⋯⋯⋯⋯⋯⋯⋯⋯ 229
书中之书:孔孟思想的根源与孔子的人生⋯⋯⋯⋯⋯ 233
东亚的乌托邦:大同社会⋯⋯⋯⋯⋯⋯⋯⋯⋯⋯⋯⋯ 235
夏朝:夏道尊命,事鬼敬神而远之⋯⋯⋯⋯⋯⋯⋯⋯ 238
商朝:先鬼而后礼⋯⋯⋯⋯⋯⋯⋯⋯⋯⋯⋯⋯⋯⋯⋯ 241
周朝:尊礼尚施,事鬼敬神而远之⋯⋯⋯⋯⋯⋯⋯⋯ 246
文明之光:孔子的出现⋯⋯⋯⋯⋯⋯⋯⋯⋯⋯⋯⋯⋯ 249
不惑之年的孔子因出仕的诱惑而动摇⋯⋯⋯⋯⋯⋯⋯ 254
周游列国十四年⋯⋯⋯⋯⋯⋯⋯⋯⋯⋯⋯⋯⋯⋯⋯⋯ 258

凤兮！凤兮！何德之衰？ ………………………… 263
从心所欲不逾矩 ………………………………… 267
孔子超群绝伦的认识论 …………………………… 270

参考文献 …………………………………………… 275

第一章
被驱逐的哲学家

1721年7月12日,普鲁士帝国的哈勒大学举办了校长离职典礼,是校长克里斯蒂安·沃尔夫(C.Wolff)向约阿希姆·兰格(J. Lange)交让校长职务代理执行职位的典礼。沃尔夫发表了非常特别的离职演讲。他的演讲还没结束,礼堂里就已开始议论纷纷,出席典礼的教授和神父们脸色都变红了,甚至有人离开了座位。沃尔夫的演讲内容瞬时扩散到整个欧洲,引起了轩然大波,这不仅改变了他的人生,也改变了德国的命运。

当天,沃尔夫将孔子与耶稣相提并论。

"孔子不仅兼具德行与学识,更是根据神的旨意来到了中国。他从未被空虚的名利所诱惑,终身为百姓的幸福与福祉而付诸努力,始终竭尽全力靠自己的才能造福人间。孔子并非单纯地执行了作为师者的职能,而是为那份职责赋予了荣光,中国人对于孔子的爱戴可与我们对基督耶稣的崇敬相媲美。中国古代的皇帝与帝后们不仅是政治家,同时还是哲学家。在哲学家统治、帝后研究哲学的国家,国民生活幸福是再自然不过的事情了。中国的五帝是柏拉图所说的理想型哲人政治家。"[1]

沃尔夫还对比了孔子儒家哲学与希腊哲学,并赞颂了孔子儒家哲学的优越性。

"孔子的言行带给我们的远比我们从希腊哲学获得的要多，可谓是道德哲学与国家哲学的宝库。"[2]

沃尔夫还高度称颂孔子的无神论道德哲学。在他看来，中国人从不认可自然宗教和神的启示，仅凭人类本性的力量成就了高层次的道德哲学。

沃尔夫的发言对基督教群体的冲击力非常之大，因为他的言词隐含着：即使是无神论者也完全可以拥有高层次德行。这说明宗教不是必需的，只是可选项而已。

当时沃尔夫工作的皇家哈勒大学是以虔诚的信仰与生活为信条的虔诚主义教科堡垒。在国王腓特烈·威廉一世（F.Wilhelm I）的高度关注与庇护下，将人类的理性（知性）降格至神的恩宠与启示之下，从而强调人要通过虔诚的信仰成为神之子，以追求"信仰的伦理化"。

没想到沃尔夫在此次演讲中，将孔子的实践哲学解释成是合理的，并论证即使没有宗教的力量，仅靠人类本性也完全可以实现惊人的伦理行为。

一向牵制沃尔夫的新校长职务代理执行人兰格没有放过此次机会。当时，兰格推崇在宗教和政治领域均极具影响力的教授兼牧师奥古斯塔斯·赫尔曼·弗朗克（A.H.Francke）。他利用弗朗克与国王腓特烈·威廉一世的关系，向国王诬告沃尔夫是无神论者和决定论者，国王得知后被激怒。

"没想到沃尔夫是不共戴天的无神论者。命令沃尔夫48小时内离开普鲁士，否则将被处以绞刑！"[3]

1723年11月8日，国王一举打破参谋们的担忧，向沃尔夫下了驱逐令。沃尔夫在此之前就离开了普鲁士。沃尔夫与支持他的弟子留下的两个教授职位，立即被兰格的子女与学生所占据。

以《论中国人的实践哲学》为标题的问题离职演讲，使在莱布尼茨与康德之间的70年岁月里德国最著名、最出色的数学家兼哲学家沃尔夫，被迫离开了大学和祖国普鲁士。

多年后，伏尔泰对此事做了如下阐述：

"哈勒大学的数学教授即著名的沃尔夫曾发表过赞颂中国哲学的卓著论文。他……以对最高神的敬佩之心与对德行的爱为理由赞美了中国人，并对中国的皇帝、政府阁僚、儒生做出了公平的评价……我们有必要关注沃尔夫教授在哈勒吸引了一千名来自世界各国的学生，而同一所大学的神学教授（约阿希姆·兰格）却连一名学生都没有吸引来。他在自己冷清的教室感到愤怒，于是拟定了能够干掉那位数学教授的非常确切而合理的计划。他毫不犹豫地去告发沃尔夫不信神。从未去过中国的几位欧洲笔者提交了北京的中国政府为无神派政府的证据，而沃尔夫却赞颂了北京哲学家们，兰格主张这一切非常明确地说明沃尔夫是无神论者……国家君主认同了一个党派与兰格的论调，让沃尔夫要么离开哈勒，要么接受绞刑。沃尔夫没有做出任何反抗，离开了哈勒。他的离开使国王失去了每年20万~30万克朗（银币100万~150万先令）的收入，这笔钱是追随沃尔夫的财大气粗的弟子们输入给普鲁士王国的。"4

不承想，驱逐沃尔夫的消息传到整个欧洲之后，局面有了出乎意料的反转，对沃尔夫的聘请络绎不绝。沃尔夫的行为反映了时代精神，虔诚主义势力的过分抵制反而触碰了时代的地雷。虽然主张合理主义的人们对经验主义孔子思想有过误解，但对当时的启蒙主义人士而言，中国人的实践无疑是充分证明了源自自律的理性是值得信赖的。就这样，沃尔夫的演讲唤醒了德国的启蒙主义，欧洲的知识阶层则推崇沃尔夫为"为理性实践大义殉道者"。[5]

18世纪伊始，沃尔夫被驱逐出境的事件传遍了整个欧洲，变成了当时的一大热点。沃尔夫一跃成为"启蒙的宠儿"。引起轩然大波的演讲稿甚至被印成盗版广为流传，成为人们展开讨论的一大话题。1726年，这篇演讲稿正式印刷出版。虽然普鲁士禁售这份演讲稿，但在德国全域出现了200多件相关著作与论文册子，传播之广可见一斑，到1750年还出现了英译版本。

支持沃尔夫的众多著作当中，最有名的当属他的学生毕尔芬格（G.B.Bilfinger）于1724年写的《古代中国的道德与政治的教理理念》。这本著作延续了沃尔夫的离任演讲，详细阐述了中国道德论与国家哲学。后来引领法国启蒙运动的百科全书派著作《百科全书》中有关孔子的语录，就源自比尔芬格尔的这本著作。[6]

沃尔夫在接到驱逐令之前就已前往曾经邀请自己的黑森卡塞尔马尔堡大学。一同被驱逐的沃尔夫的学生则在卡塞尔得到了教授职位。马尔堡大学的学生们为沃尔夫而狂热，这跟该所大学教授们的反应截然不同。黑森卡塞尔的伯爵甚至以多种方式盛情款待。沃尔夫成为整个欧洲最有人气、位于最前沿的教授之一。自他赴任起的5年时间里，马尔堡大学的新生人数甚至增加了近50%。[7]

获得学问自由的沃尔夫继续研究孔孟思想。在1732年所著的《经验心理学》中，他将孔子的"七十而从心所欲不逾矩"阐释为最完美的境界，并高度赞扬孔子尽管不曾信神，但依然实现了如此高的德行。[8]他将孔子的境界跟柏拉图思想进行比较，赞美孔子以身作则地体现了"柏拉图的理念"。[9]直到1750—1753年间撰写《道德哲学或伦理学》时,沃尔夫才摆脱了自己的合理主义与知性主义,并将孔子在七十高龄达到那份境界的根源阐释为"相比知性更看重德行的德行主义"。[10]他盛赞孔子与中国的"讴歌德行",批评西欧人"对知识的执着"。可见沃尔夫直到人生末年,才放下西欧合理论的广泛知性主义,皈依孔子的德行主义,终获孔子儒家哲学的精髓。

沃尔夫不仅钻研孔子的道德哲学,对孔孟的国家哲学及东亚科举制度,以及官僚制度也颇感兴趣。柏拉图以来的欧洲知识阶层,根本想象不到天下还能有这样一个国家概念,那就是供养普通百姓的养民与教育天下万民的教民才是一个国家的存在理由。沃尔夫对中国的私塾、乡校、大学这三个阶段的教育制度,以及从天子到庶人的万民平等教育惊叹不已,于是以这些中国制度为基础,打下了如今的行政学官房学①的基石。这在夜警国家②的哲学传统下是非常陌生的。

沃尔夫的中国相关研究与孔子的养民、教民国家论后来由约翰·尤斯蒂(J.Justi)接棒,并进一步发展成更加系统的近代经济学与官房学,并接纳基于养民与教民的孔孟仁政论国家哲学,首次推出养护国民的"效率国家"(Polizeistaat),即福祉国家概念。[11]他用毕生精力推动德国的近代化与东亚的官僚制、福祉国家、万民平等教育及3个阶段教育制度的引进。沃尔夫倡导的孔子主义的养民、教民的国家,在18世纪演变成效率国家,到19世

---

① 17~18世纪在德国和奥地利非常盛行的行政知识及行政技术的集大成学问体系。
② 夜警国家:国家只起到一个"守夜人"的作用,尽可能少的去干涉市民的活动,又称"更夫政府"。这是以亚当·斯密为代表的古典自由主义者的观点。

纪发展成近现代福祉国家，到20世纪则完全蜕变成欧洲国家类型，并回归东亚。

过去迫害沃尔夫的普鲁士，从1733年开始努力让沃尔夫回归。兰格为了阻止这种动向，试图得到国王的承诺，但因为皇太子的心腹让·德尚（Jean Deschamps）的反对而没能说服国王与皇太子。德尚崇尚沃尔夫，在马尔堡大学时还跑去听沃尔夫的课。德尚还将沃尔夫的多部著作翻译成法语，并让皇太子过目。为了获得更加冷静的评价，还将译文交给跟皇太子关系非常好的法国哲学家兼启蒙主义运动的先驱伏尔泰。

德尚向来与皇太子走得很近，他借助这种背景接触当地的达官贵人，从而成功说服腓特烈·威廉国王。因为欧洲对沃尔夫事件的激烈反应倍感压力的国王，终于在1736年重启了沃尔夫调查委员会。6月份成立的再调查委员会最终下了一个结论，"沃尔夫的哲学思想不存在问题"。此决定一出来，沃尔夫在普鲁士的人气大涨，连国王都助了一臂之力。1739年，国王亲自阅读沃尔夫的著作，并强烈推荐给其他人，国王对沃尔夫的支持程度可见一斑。[12]

其间，皇太子归隐乡村别墅继续钻研沃尔夫的哲学思想，并创作了阐述自身启蒙君主论的著作《反马基雅维利论》。该著作非常明确且强有力地渗透着沃尔夫的亲近中国思想的政治哲学倾向。当时年轻的腓特烈皇太子受到沃尔夫与伏尔泰的影响，深陷当时的亲中主义与这些哲学家们的国家论。[13]皇太子废除了有关沃尔夫著作的禁售规定，并于1739年下令让神学系学生们学习沃尔夫的哲学与逻辑学。

1740年腓特烈·威廉一世去世，由被后人誉为腓特烈大帝的年轻皇太子继位。腓特烈二世登上王位之后的首要动作是将沃尔夫推举为哈勒大学副校长,促使他回国。沃尔夫接纳了国王的建议。1740年12月6日,历经17年漫长、辛苦的纷争之后,沃尔夫衣锦还乡,凯旋回归哈勒。这既是沃尔夫的胜利,同时也是腓特烈二世的胜利,更是普鲁士启蒙主义的胜利。沃尔夫的老冤家们沉默不语地伸出手,请求和解,但兰格却前往哥本哈根,在沃尔夫正式就任哈勒大学校长之后的第二年,即1744年在那里过世。[14] 同一时期的学者们对兰格做出了如下评价:"在哲学问题上他深陷理性的泥沼,他的知性已病入膏肓,无可救药。"[15]

这一系列的变化让沃尔夫深受触动,于是他写了一首颂诗,赞美年轻的腓特烈二世为哲人之王。在那首诗里,沃尔夫将自己称为"因燃烧的嫉妒不幸被逐出国门的理性殉道者",并盛赞拯救自己的腓特烈二世为"登上王位的苏格拉底"。[16]

1745年拜仁选帝侯授予沃尔夫男爵爵位,由此沃尔夫成为德国通过学术工作获得世袭性爵位的首位学者。沃尔夫于1754年12月6日离世。他的学生们组成沃尔夫团体,形成德国最初的学派,直到19世纪初康德主义盛行之前一直风靡德国思想界。

第二章

孔子的闪电杖

"自中国的经典翻译集出现在欧洲的那一刻起,孔子儒家哲学就变成了一根火把,点燃了欧洲大陆有识之士思索的火焰。"
——圣母大学文学系教授詹启华(Lionel Jensen)

在西方,人们一般把1688年英国"光荣革命"至1789年法国大革命约百年的新改革思潮称为"启蒙主义"。孔子的知识、道德哲学对17、18世纪西欧启蒙主义的发轫与兴盛发挥了重大的作用,这在西欧的知识界早已成为一种不容辩驳的定论。东方的指南针、枪炮、火药很早就已传入西欧,从17世纪后期以来,西欧社会接受了孔子儒家哲学,孔子儒家哲学变成了启蒙的导火索。

把欧洲从中世纪的黑暗蒙昧中唤醒,让欧洲走向发展的,也是东亚文明。不仅是18世纪的启蒙主义,甚至14~16世纪的文艺复兴也都受到东亚文明的泽被,其中启蒙主义促进了西方的近代化,而文艺复兴则使古希腊哲学与纯粹数学得以苏醒。但这两个时期里西方社会从东方所接受的东西是很不一样的,文艺复兴时期的欧洲主要从东亚接受了先进的"物质文明",而启蒙主义时期则主要从东方接受了"精神文明",也就是说他们接受了孔子的哲学思想,发起了一场指向近代化的革命运动。

火药、罗盘、印刷术
成为文艺复兴的物质基础

17世纪欧洲启蒙主义运动开始以前拥有一段长达300年的蛰伏期，即文艺复兴。文艺复兴发轫于14世纪，终结于16世纪。这场文艺运动重新发掘了古希腊的学术、艺术的闪光点，并将其奉为人类文明的一个高峰，启蒙者称中世纪为黑暗时代，试图将人们从神学的教条里解放出来。中世纪基督教的封建体制崩塌，人们开始追求自由的知识、著述、文艺、出版，而地理大发现再次刷新了人们的地理知识，这是整个欧洲的一次大变革。

公元前2世纪以前东西之间基本上没有什么交流，两大文明之间最大的交流障碍是塔克拉玛干沙漠与帕米尔高原等自然屏障，以及处于两大文明之间的穆斯林。古罗马人怀有一种朦胧的幻想，认为在遥远的东方会有一座黄金岛，而中国人对西域同样怀有一种模糊的憧憬。到公元前139年,汉武帝派张骞出使西域,击退了威胁中国北方边境的匈奴,打通了东亚至西亚的交通,直到这时丝绸之路才正式开通,东西之间终于有了一个交流的渠道。后来汉朝在敦煌等四处设立关口要塞,保护贸易之路,商人们每年从丝绸之路来回5~10次。

让欧洲人切实感觉到中国的存在的,是12世纪蒙古入侵欧洲以后的事情了。从这时起,东西之间的贸易通过各种私人渠道频繁开展,在欧洲商人之间,中国这个国家得到了广泛的认知。而欧洲的普通民众了解到东方,主要是通过13世纪意大利商人马可波罗(M.Polo)的《东方见闻录》(又称《马可·波罗游记》)。马可·波罗最早是追随做商人的父亲来到中国的,他在中国生活了17年,深深地为这片土地的富饶、兴旺,以及商业的繁华、国内频繁的贸易所折服。他对中国官府的德治与体恤百姓的政策产生了深刻的共鸣,尤其为杭州与西湖沿岸人们的生活水平所惊叹。马可·波罗是这么描写这个充斥着各色商品、市场鳞次栉比的城市的:"毫无疑问,杭州是世界上最优秀的、最华丽的城市。"看到西湖沿岸的住宅以后,他惊叹道:这些庄严的宫殿与住宅肯定是用世界最顶尖的技术建造而成的。他在中国看到的景象是:宽敞、笔直的大路,摩肩接踵、秩序俨然的行人,甚至城市的内部就像棋盘一般做了精密的划分。马可·波罗详细记录了这座城市的方方面面,它拥有惊人的人口,煤炭在这里已经得到广泛应用,纸币流通频繁,甚至他还记录了制造钱币的过程。值得一提的是,当时的欧洲还不具备排水设施,卫生情况极其恶劣,而中国此时已经有数不清的公共浴池与发达的洗浴文化,马可·波罗叹为观止,并进行了详细的记述。

这个国家并不缺少树木，不过因为居民众多，灶也就特别多，而且烧个不停，再加上人们沐浴又勤，所以木材的数量供不应求。每个人一星期至少要洗三次热水澡，到了冬季，如果力所能及，他们还是一天要洗一次。每个当官的或富人都有一个火炉供自己使用。[17]

欧洲人并不相信马可·波罗的这种记录，当然这一方面是由于马可·波罗的记录有部分确实不够准确，但最根本的原因还在于当时中国先进的发展水平与欧洲落后的发展水平之间存在着巨大的鸿沟。13世纪时，落后的欧洲人根本无法相信想象之中的黄金之国是切实存在的。加之当时的欧洲人深陷宗教狂热，动辄进行"女巫审判"，他们绝不肯承认异教徒的国度生活会这么富足。对于马可·波罗记载的这些故事，13世纪的欧洲人是如何看待的呢？对此，18世纪中叶有"欧洲孔夫子"之称的政治经济学家弗朗索瓦·魁奈是这样论述的：

悠久的君主政权，智慧的法律与统治，富足、繁荣的商业贸易，帝国不可思议的人口数量，百姓的学识与端正的礼仪，对艺术与学术的醉心，所有的这一切看起来根本不像是一个值得信赖的观察者所写的报告，而更像是想象的产物……居然有一个国家能够超越欧洲最优美的国度，这简直太荒诞不经了……竟然有这样一个历史悠久、学识渊博、文明开化的帝国！这简直是如同喀迈拉一般的妄想。[18]

但是到14世纪，欧洲的普通民众也都开始相信在遥远的东方存在着一种灿烂的文明。从这时候起，东西贸易持续扩大，欧洲从东方输入了各种"利器",纸张、造纸术、木制活字、金属活字、活版印刷术、火药、枪炮、航海指南针、算盘、纸币与造币术、瓷器、漆器等通过商人、传教士、旅行家、外交使节等源源不断地从东方流入西方,其中甚至包括扑克牌最早的祖先——叶子牌与冰激凌等等。在新物品与技术的驱动下,欧洲的经济活动日益兴盛,而经济的发展也将整个欧洲从上千年的停滞状态中唤醒,成为文艺复兴运动的物质基础。

特别是从东亚传到欧洲的火药、指南针、印刷术,对于欧洲人自由的学术、文艺活动以及著作、出版活动、地理知识的刷新等做出了决定性的贡献。火药大约是在公元618~907年左右发明于中国的,然后被应用在了武器、烟花等各个方面,13世纪末14世纪初火药传入欧洲以后,立刻摧毁了欧洲的封建堡垒,让骑士阶级失去了用武之地,这让知识分子阶层的地位相对上升,学术、文艺活动终于有了发展的空间,人们对知识、创作的欲求得到了极大的提升。

中国的指南针对地理大发现具有决定性的意义。12~13世纪左右阿拉伯人开始使用中国的航海指南针。欧洲人通过书籍得知了阿拉伯指南针,而指南针得以从各种渠道传入欧洲,欧洲人在指南针的指引下实现了首次大洋航行。这些航海指南针把欧洲人引向了未知的大陆,在郑和发现了美洲大陆[1]约70年后,1492年欧洲人"重新"发现了美洲。这使得远程贸易成为可能,全世界的物资开始源源不断地流入欧洲,欧洲的对外贸易极度活跃,积累了大量物质与财富。[2]欧洲各国君主纷纷实行重商主义的政策增

---

[1] 英美等国认为郑和1742年发现了北美洲。
[2] 英国海军退役军官加文·孟席斯(Gavin Menzies)的著作《1421:中国,发现世界》(2002)引发了不小的争议,学界对此依然众说纷纭。

加税收,并从物质上支持文艺复兴运动。

13世纪成吉思汗征服了西方,当时中国的活版印刷术已经发展至巅峰,这一时期从中国传入欧洲的造纸术、活字印刷术让书籍的大量出版成为可能,书籍的价格大幅下降,引发了著作、出版文化的惊涛骇浪,极大地提升了知识的流通量与扩散速度,对其产生了决定性的影响力。14世纪中叶高丽的金属活字也在欧洲流传开来,直到一个世纪以后德国的谷登堡(J.Gutenberg)才发明了罗马字母的金属活字,这是为西方最早的金属活字。

弗朗西斯·培根在1620年的作品《新工具》里,曾经这样评价火药、指南针、印刷术革命性的作用:"在人类历史上,任何帝国、宗教、星辰都不可能比那些物品发挥更大的作用与影响力。"[19]

除此以外,比较重要的工具与技术就要数算盘与印刷纸币的技术了。中国的算盘可以追溯到2世纪末,在3~4世纪左右西方虽然也曾制作过金属或大理石的算盘,但后来并没有进一步发展或是使用的痕迹。相反,中国的木质算盘在15~16世纪不断得到改良,并持续得到了应用。这种算盘传入欧洲以后,在发明了复式簿记法的意大利商业界与金融界得到了广泛的应用。在算盘传入欧洲其他地区以后,商品与货币的会计速度得到提升,流通速度得到极大改善,商业得到了极大发展。对于当时的欧洲人来说,算盘所具有的划时代意义远远大于电子计算器对于现代的意义。

9世纪左右,纸币出现在了历史的舞台上,成为世界上最早的信用货币。10世纪初,纸币已经成为一种通用的交换手段。1161年,当时的中国官府发行了1000万张纸币,这对于中国市场经济的萌芽发挥了决定性的作用。欧洲早就通过马可·波罗的《东方见闻录》知道了中国的纸币,但当时欧洲各国正因"三十年宗教战争"而满身疮痍,加之君主的信用也极低,所以纸币的经济作用被极大推后了。直到1715年法国才首次发行、流通纸币,而英国直到1797年才开始使用纸币。[20]

马可·波罗的《东方见闻录》里还出现了一些有关冰激凌的记载。冰激凌的源头可以追溯至5000年以前。公元前3世纪左右,中国的贵族向皇帝进贡了一种食品,这种食品是在果汁里加入冰块与雪制造而成的,这种食品的制作方法直到9世纪左右才被公开。在欧洲,相传用冰块与雪制作的食品起源于罗马时期。1世纪时罗马的尼禄王随时会要求他的部下弄来阿尔卑斯山上的千年积雪,然后在上面放上水果享用。"医学之父"希波克拉底也曾经给病人开过"冰果"的处方,由于当时制冰的技术并不发达,所以这种食品大概类似于今天的"冰果子露"。马可·波罗回到意大利以后,把自己在元朝时最喜欢吃的冰牛奶传播开来,而这种食品被出身于意大利美第奇家族、后来嫁给法国君主的凯瑟琳·德·美第奇王妃在法国传播开来。1686年厨师弗朗西斯科·波科皮奥在巴黎开了一家"普罗卡布咖啡馆",开始销售近代最早的冰激凌。

从中国传入欧洲的先进文明虽然对欧洲的发展起到了决定性的作用,但当时大部分欧洲人并不知道这些技术来自中国,就连那位极度喜爱中国的伏尔泰都认为,是葡萄牙人教给了中国人火炮的使用方法,是耶稣会的神父最早教会了中国人大炮的制造方法。[21]造成这种结果的原因,大约是由于数以万计的无名商人通过各种渠道经由俄国或阿拉伯把中国的这些发明传到了欧洲,而且由于传播的速度很慢,渐渐地其源头也就变得模糊起来。欧洲人的这种无知至少一直延续到了20世纪中叶。对于这个问题,英国的中国史学者李约瑟(J.Needham)曾讽刺说"错误谜语铸就的铁幕"。[22]

与东亚的物质文明相比，文艺复兴时期东亚的学术、艺术对欧洲并没有任何影响，欧洲人所了解的也仅限于中国的古代史，但就是这些资料也给他们带来了极大的冲击。直到18世纪末，大部人仍然认为世界最早的历史可以追溯到公元前4000年左右，这种意见在欧洲占有支配性的地位，但中国的古代史远远早于公元前4000年，这与基督教的信条是相冲突的。中国古代的天文学数据远远早于《圣经》中的创世记录，但这一点并没有赢得欧洲人的信赖，他们以这些数据带有童话色彩为由加以排斥，可笑的是，中国古代史留给欧洲人的，只剩下中国曾经被"挪亚洪水"所淹没的言论。

但不知不觉之间，《圣经》的可靠性开始慢慢动摇了。有许多人认为，《圣经》中所记载的很有可能并非世界史，而仅仅是一个地方史罢了，当然有很多人企图以神的启示为名，镇压这种动向。当时的这种社会气氛成为《圣经》批判性研究的起点，但并没有让人们对中国人的精神世界给予更多的关注。

在欧洲的绘画与文艺之中仍然留有东亚的些许痕迹，比如莱昂纳多·达·芬奇《蒙娜丽莎》的背景便是中国风的山水。薄伽丘《十日谈》里第十日的第三个故事称颂了辽国贵族"纳山"的美德。对莎士比亚具有决定性影响的意大利叙事诗人阿里奥斯托（L.Ariosto）与博亚尔多（M.Boiardo）都以辽国一位名为"安吉莉卡"的公主为素材写过诗歌。

在文艺复兴时代往返于东西之间，带走、转手各种物品的都是商人，而商人并不关心孔子的哲学，所以文艺复兴时代的文人并不知道孔子，他们也没有心情去研究"异教徒"孔子的哲学。当时欧洲正围绕神学正统性的问题发生着一场激烈的争辩，新派学者把希腊哲学当成一个新的思想武器,并完全沉浸其中。文人们以精通希腊文为武器,把《圣经》与柏拉图、亚里士多德的希腊文原典以及拉丁文的译文一一对照,找出其中的误译之处,纠正了基督教神学中的种种谬误。由此,神父(被教会认定为传承正统信仰的人)的垄断权被推翻,公权解释的权威被分散。与此同时,人们获得了一定的学术空间,理性思想得以提升。

从17世纪开始,孔子儒家哲学开始在欧洲出现,东亚的文化艺术横扫希腊哲学,风靡整个欧洲,特别是孔子儒家的典籍给欧洲带来了极大的冲击。欧洲的经验主义者在孔子儒家哲学的支持下,发起了一场思想斗争,意图粉碎经院哲学与希腊合理主义,这便是"启蒙主义"。

17世纪从印度传入欧洲的各种调料与香辛料俘虏了欧洲人的味觉,而从东亚传入欧洲的艺术、哲学、科学则让他们为之倾倒。正是基于这种原因,有部分哲学家认为"如果你未曾详细了解曾风靡欧洲思想界,今天已消失或被忘却的、来自中国的魅惑,那么你绝对无法理解启蒙主义"。[23]

出版孔子的热潮
点燃思索的焰火

17世纪中叶欧洲长达30年的宗教战争终于结束，整个社会的氛围变得与从前截然不同了。由于这场严峻、残酷的宗教改革与宗教战争，欧洲四分五裂，欧洲人遭遇了深刻的精神创伤。基督教信仰遭到极大地削弱，社会上弥漫着一种宗教怀疑主义的气氛。正在此时，中国的艺术与哲学，特别是孔子的哲学开始被介绍到欧洲，为人们提供了全新的思想关注对象。15~16世纪地理大发现以后，人们的地理知识不断得到刷新，欧洲人从希腊罗马文化中寻找思想源头，为基督教信仰奠定了全新的基础，而17世纪时欧洲则已迈入了启蒙主义的孕育期。从教父哲学的束缚中解放出来以后，欧洲人便按照理性原理重建精神、文化生活，为科学地吸收欧洲以外的其他民族的知识而奋战。孔子儒家的典籍正是在此时期出现在了欧洲，它们就像是一场甘霖滋润了欧洲这片干涸的土地。

澳大利亚著名的政治学家帕斯莫尔（J.A.Passmore）把17、18世纪欧洲思想界的变化称为欧洲哲学的"孔子化"（Confucianisation）。[24]欧洲哲学家或者把孔子的教诲视为一种真正的自然宗教，认为它足以成为市民道德生活的基础，或是把它视为一个可靠的哲学盟友。自早期在中国传播天主教的意大利传教士利玛窦以来，耶稣会传教士在阐释孔子儒家哲学时，一直认为其与天主教的思想有诸多相似之处，欧洲社会的这种氛围正是在耶稣会传教士的尝试下得到了进一步的催化。

负责向东亚传教的范礼安（A.Valignano）神父很早就让耶稣会的传教士学习中文与中国哲学原典，其中就包括了利玛窦。范礼安告诉这些传教士，不该把中国人视为"无知的异教徒"，而应在传教的目的下靠近他们。从当时帝国时代的传教特点来看，这种做法是非常新颖、独特的，成为一种精神实验的起点，即所谓的"适应主义"的传教。它要求传教士要迎合当地人的心理，但这种适应主义的方法造成了一种出乎意料的、截然相反的结果，即传教士并没有使中国基督教化，反而使欧洲儒教化了，形成这种结果的原因在于文明水平的巨大差异。

1582年，利玛窦等人从澳门登陆中国内地，次年他们被允许在中国广东定居，正式开始了传教活动。他们之所以要学习孔子儒家哲学，当然是出于传教的目的，他们通过信函把孔子儒家哲学介绍给了欧洲。

第一部在欧洲引起强烈反响的有关中国的著作是1618年出版的《利玛窦中国札记》。这本札记的原稿是由利玛窦用意大利文写成的，后来金尼阁（N.Trigault）将其译成了拉丁文，并做了一些补充说明。除此以外，从思想史的角度来看，重要程度可媲美《利玛窦札记》的，还有戈特利布·斯皮泽（G.Spizel）的《中国文史评析》，这是欧洲作品里第一次提到了孔子。

16世纪末至17世纪中叶出版的著作内容主要围绕着中国的历史、现状、旅行等方面展开，17世纪后半叶以后孔子的著作经由耶稣会传教士的翻译之后，在欧洲大量出现。耶稣会传教士从儒家哲学、中国文化、社会制度等较高的层次考察了中国，针对中国人的信仰、祭祀礼仪等问题撰写了翔实、客观的札记，并寄到了欧洲。在英国"光荣革命"宣告启蒙主义正式开始以前，儒家四书即《论语》《孟子》《大学》《中庸》以及《周易》《孝经》《小学》等大致都已被译为拉丁文。

第一本正式关于孔子的著作是殷铎泽（P.Intorcetta）神父于1662年所编纂的《中国智慧》一书。1659年殷铎泽抵达北京，然后便马不停蹄地开始学习孔孟思想，他把《大学》与《论语》的前五篇（从《学而》到《公冶长》）译成了拉丁文，并附加了孔子的传记，书中的每个汉字都附有拉丁文注音，并且做了解释。这本书是在中国出版的，但销售却主要是在欧洲。

除了这些译著以外，与中国、孔子相关的研究也如雨后春笋般出现。第一篇研究报告是英国人约翰·韦布（J.Webb）用英文所撰写的《论中华帝国之语言可能即为原初语言之历史论文》。韦布认为中国的君主政治是"依据正确理性的政治原理形成的、世界上唯一的君主政治"，并主张"英国君主应该模仿中国古代皇帝"。[25]当时英国的查理二世（Charles Ⅱ）力图恢复其父查理一世（Charles Ⅰ）时期的绝对王权，韦布在这篇论文里勇敢地向查理二世提出了忠告。这件事发生在1688年英国"光荣革命"的20年之前，它是韦布基于儒家思想给君主的公开谏言。

另一篇比较重要的论文是1675年多明戈·纳瓦雷特（D.F.Navarrete）用西班牙语出版的《对中华帝国的评价》一书。纳瓦雷特认为，欧洲政府应模仿中国的农本主义，提高农民的地位，在税收政策方面遵从中庸的原则，实行一种人性化的政策。他引用了唐太宗的话，表示："向有承担能力的人征收赋税才是妥当的，向连自己都负担不了的人征收赋税是疯子的行径……如果一个人要用两片面包养活四口人，你却抢走其中的一片，那么这不是在养羊，而是在把应该养着的羊抓来吃掉了。"[26]

让中国引起欧洲人关注的一部划时代的儒家经典译著是《中国贤哲孔子》。1687年柏应理（P.Couplet）等四位耶稣会传教士遵照路易十四（Louis XIV）的敕令出版了该书，将四书即《论语》《孟子》《大学》《中庸》译成了拉丁文。这本书的初稿最早是传教士罗明坚（M. Ruggieri）翻译的。罗明坚比利玛窦更早来到中国、更早接触了四书，后来利玛窦对1588年的罗明坚译稿加以润色整理，这便是《中国贤哲孔子》的基础。这本书共有414页，体量庞大，其中不仅附有详细的注释，更掺杂了译者的一些看法。这本书的出版得到了法国国王的财政支持，排版非常精巧、华丽，这是此前百余年耶稣会传教士辛苦工作的结晶。

在本书的序言部分，编译作者柏应理曾这样介绍孔子的道德哲学：

> 这位贤哲的道德体系无限崇高，同时也非常简单、易于理解，可以说这是从自然理性最为纯粹的源泉之中导出的……理性从未像这样摆脱了神的启示，却展开得如此流畅，展现得如此强烈。[27]

《中国贤哲孔子》与艾萨克·牛顿（I.Newton）的《自然哲学的数学原理》是同年（1687）出版的。在长达113页的导言部分，编译者贡献了许多独到的真知灼见，甚至对当时的自然哲学论战都有所裨益，后面还有孔子传记。这本书给欧洲思想界带来巨大的冲击，孔子儒家哲学对当时蓄势待发的英国"光荣革命"产生了巨大的影响。1688年这本书被译成了法语，1691年再次被译成了英语，后来它又接二连三地被译成了欧洲的其他语言，甚至还出现了各种略本。总之，孔子儒家哲学引起了当时欧洲人的极大关注。

李明（L.LeComte）神父的《中国近事报道》于1696年出版以后，次年就被译成英文再次出版，引起了人们的关注。在这本书中李明指出，中国的经济哲学是农本主义与自由商业论，他高度赞扬中国轻赋税甚至免税的政策，他说："中国有一种惯例，每年都会免除一两个地方的赋税，特别是当一个地方的老百姓因为某种疾病，或是天气与节气不符而导致农作物产量不及平常年份时，他们就会采取免赋税的政策。"

李明神父认为君主立宪制的政治形态要求君主在行使权力时必须秉承中庸的态度，这是中国所特有的，还谈到了中国百姓对待暴政的一种革命精神。

法律赋予皇帝无限的权威，但这种权威也伴随着义务，即皇帝必须中庸、睿智地使用这种权威。历朝历代中庸与睿智都是支撑中国君主政治庞大组织的两大支柱。习惯与法律完全可以为皇帝的利益而存在，如果他违反了这些，就会损害自己的权威。[28]

《中国近事报道》很快就被译成了多国语言并被广泛阅读，

但在天主教内部，这本书却引发了许多争论，争论的舞台从罗马转移到巴黎，掀起了辩论的热潮。索邦神学院在调查了包括这本书在内的几本书以后，把它们全部烧毁了。当时巴黎与其他地方一样，思想、灵魂、学术、出版、宗教的自由被极度限制，而数千年以来中国与东亚都在讴歌这一切的自由，跟它们相比，欧洲的人权状况可以说是相当悲惨的。

即便如此，18世纪时有关中国的书籍非常明显地增多了，这些书籍大部分都是在法国出版的，法国人对这些书籍表现出了极大的热忱。这一时期的法国遭遇了一系列的宗教、政治、经济、社会灾难，比如宗教战争、宗教改革、对基督新教的压迫、禁书、焚书、政府垮台、宫廷阴谋等问题，法国甚至失去了法属加拿大与法属印度，这让法国的学者、政治家、普通百姓对来自外国的一些理念怀有了一种包容的态度。在这种气氛下出版的书籍之中，1711年由卫方济（F.Noel）用拉丁文翻译出版的《中华帝国六经》是最为完备的，其中的六经包括《论语》《孟子》《大学》《中庸》《孝经》《小学》等。

除了儒家经典的译本以外，在世界各地传教的法国耶稣会士通过书简传播中国文化。法国学者微席叶夫妇（Isabelle et Jean-Louis Vissiére）据此还编纂了《耶稣会士书简集》。这套书简集讨论了孔子儒家哲学，描述了其中的美好与阴暗的方面，从1702年开始出版，并在70多年的时间里不断增补、出版，直至1776年。特别是其中讨论孔子儒家思想的16封书简，对于孔子儒家哲学的传播发挥了巨大的作用。

另一本比较大众的著作是1735年在巴黎出版的《中华帝国全志》（全称为《中华帝国及其鞑靼地区地理、历史、编年、政治、自然之描述》），这本书的作者是杜赫德（J.Du Halde）。在这本书里，杜赫德一方面指出了中国的问题所在，同时高度评价了中国的政治、经济，赞美了中国人知性的生活，与非知性的欧洲形成了鲜明的对比。次年这本著作以《中国通史》的英译名称在伦敦出版，瞬间三版售罄。

杜赫德在译者序言中说道：

没有任何法律、制度从整体上比中国的更讲究，它让君主与百姓幸福，虽然它具有一定的前提，但它也让人们形成了一种温和、彻底的顺从。[29]

该书中还记录了中国的农本主义，指出中国的农民都非常勤劳，在社会上拥有较高的地位，拥有一定的特权。文中热情地描写了中国各行各业的富足，以及漆器、瓷器、绸缎等奢侈品生产情况，讨论了清朝比明朝规模更大的海外贸易，银价与金价换算等问题，赞扬了中国的运河与道路。他指出，中国国内的贸易量比整个欧洲的贸易量都大，即便没有海外贸易，中国完全能够自给自足。后来孟德斯鸠、休谟、亚当·斯密等都引用过这一段落。孟德斯鸠专门挑出这本书中消极的部分，用来阐释、说明自己消极的中国观与东方观，关于这一点后文会有详细的论述。

杜赫德指出，中国在遭遇大规模饥荒时也能挺过来，不会发生暴动或暴力事件，他承认了这些对于欧洲人来说是非常难得的事实。书中杜赫德还提及了中国的万民平等教育，以及私塾、乡校、大学等三段式教育制度，这成为西方教育革命的母体。这种教育体例给18~19世纪西欧学校体系带来了巨大影响。这本书的特别之处在于在第四卷里专门用两节的篇幅介绍了韩国历史（Historie de la Carée）。孟德斯鸠引用了这一段之后，曾做出了这样的评价:"该国的南方人不像北方人那样勇敢,他们是一个善良、懒惰、胆怯的民族",他还把这片领土归类为"被征服民族"的土地,实在是个不严谨的归类。[30]

杜赫德认为孔子比苏格拉底更加伟大。虽然中国在天地创造、灵魂本性、未来国度的本质等方面的教育存在着"严重的缺失",但毫无疑问古代中国人曾经是有神论者,到了后来中国产生了偶像崇拜,并走向了无神论,孔子对此进行了改革。正是由于孔子教给了人们高尚的道德,今天才被尊称为"拥有至高尊严的圣人"。孔子并没有像耶稣会的反对者们所主张的那样,被中国人神格化了。

杜赫德在阐释《孟子》时涉及了许多社会思想。"滕文公问孟子,要更好地治理国家,都有哪些准则。孟子说:君王首先应该重视的就是百姓,而对百姓产生最大影响的则是他们的生计问题……只有衣食无忧百姓才能懂得礼节、具备美好的德行。"18世纪时宗教叛乱者的数量激增,而杜赫德对《孟子》的阐释之中有许多内容足以引起宗教叛乱者的兴趣。

长时间以来,杜赫德的这本书成了孟德斯鸠、伏尔泰、休谟、皮埃尔·波弗尔(P.Poivre)、魁奈、亚当·斯密等西欧许多知识分子的必读书目,对于正在向着一场浩荡的革命进发的欧洲人来说,它变成了一本"鼓吹灵感的刊物"。[31]

综上所述,17、18世纪时孔子儒家哲学通过大量的书籍被介绍到了欧洲,为欧洲人所研究。孔子儒家哲学的深度与高度给欧洲人带来了巨大的冲击,它从原理上碾压了基督教神学与希腊传统的西方哲学。为了让基督教适应中国文化,按照利玛窦的方针,传教士们适应性地阐述、翻译了这些书籍,虽然它们原来的"目的在于唤醒中国人潜在的基督教性",而且孔子儒家哲学也的确是这样被欧洲人接受的,但"自中国的经典翻译集出现在欧洲的那一刻起,孔子儒家哲学就变成了一根火把,点燃了欧洲大陆有识之士思索的火焰"。[32]关注孔子的人并不限于神职人员,经过在华传教士栩栩如生、记叙性的翻译与阐述以后,关于孔子的这些书籍被迅速出版,甚至还出现了一些大众普及版本,孔子名声大振,这些典籍被译成了拉丁文以及各国语言在整个欧洲广为传播。

中国思想通过耶稣会传教士的著作对17、18世纪的西欧精神产生了不可估量的影响,甚至今天我们已不可能毫无遗漏地一一追踪。对此迈克尔·阿尔布雷克特(M.Albrecht)曾做过如下的论述:

> 基督教、西欧的世界观——早就已被忘却了——的境界因它的出现而扩大,或者说因它而被摧毁,其强烈程度唯有哥白尼的世界观出现时的情景可与其比肩。与中国的精神发现相比,100年前美洲的发现对欧洲思想的贡献要小得多。[33]

总之,为了向中国与东亚传教,传教士们对孔子进行了深入研究。在此过程中,孔子儒家哲学传入西方,对欧洲哲学思想的近代化产生了"形成性的影响"。虽然欧洲人对孔子儒家哲学的理解历经曲折,但它已直接或间接地深入到了该时代的思想论战之中,超越了"参考性影响"的范围。对于当时自大的欧洲人来说,孔子儒家哲学对他们以基督教为中心的世界观给予了巨大的打击,在各国播下了启蒙主义的种子,并促进了这些种子的萌芽。

洛可可，
儒家文化的复制

几年前曾有新闻报道说，德国抒情诗人雷纳·昆泽（R.Kunze）在德国南部帕绍的多瑙河边住宅里仿照昌德宫书库"韵磬居"建造了一座亭子，这座亭子宽3.9米、高2.4米，形态小巧，是韩国一位诗人捐赠给他的，这让人想起早些年席卷欧洲的中英混合式园林的风潮。

如果说在18世纪启蒙主义时代，欧洲思想界被孔子儒家哲学所支配，那么在文化艺术领域则被东亚的儒家文化所支配。当时的欧洲人深为儒家文化的艺术灵感所鼓舞，在儒家文化的催化下，文艺复兴时代暗淡、庄重的巴洛克文化解体，取而代之的是洛可可艺术。这种艺术像是一道明亮、清澈的光，给人一种悠然自得的感觉。尤其17世纪末至18世纪的法国，更是充斥着各种来自中国的文化产品。在服装、家具、嗜好品、饰品、建筑、饮食、艺术等专业艺术领域与所有生活文化领域里都形成了一种所谓的"中国式风格"（chinoiserie），以模仿中国为风尚，当时的法国真可谓是"欧洲的中国"。

在18世纪末期新古典派艺术出现以前，洛可可艺术一直大行其道，特别是在工艺品与建筑装饰领域，洛可可更是发挥了它的威力。从16世纪初开始，来自东方的瓷器、丝绸、手工地毯、锦绣（丝绸上的刺绣）、漆器、壁纸等高级生活用品和东方画一下子涌入欧洲，当时一同传入欧洲的还有中国的颜料、绘画技巧、服饰、建筑技巧、园林技术等。中国式风格很快就占领了欧洲的上流社会，并逐渐向平民阶层蔓延。

东方艺术文化里最让欧洲人陶醉的就是瓷器、丝绸、漆器了。它们明亮、清澈，又散发着高贵颜色的特点一下子抓住了欧洲人的审美，而洛可可艺术正是在接受中国风色彩的基础上诞生的。"启蒙主义"（法文Lumière，英文Enlightenment）的意思是用"亮光"照亮朦胧的人类精神与黑暗的世界，而洛可可艺术把启蒙主义与幻想完美地糅合在了一起。

在中国式风格普及以后，仿照东亚工艺品、艺术品而制造的各种仿制品如雨后春笋般出现了。例如，当时中国瓷器已经成为富人阶层的必需品，需求量激增，所以德国梅森地区就开始销售中国瓷器的仿制品，直到今天梅森地区的瓷器产业仍然是德国代表性的工艺产业。18世纪中叶，法国人建造了漆器工厂，大量生产中国风家具与工艺品，例如应用了漆器技法的中国风手杖，还有当时贵族之间流行的华丽的中国轿辇等。欧洲的丝绸商从中国购买丝绸布料与染料，并学习了染色方法，生产出中国风花纹的绸缎，引起了空前的反响。尤其是法国与英国生产出带有华丽刺绣的绸缎与带有花纹的壁纸，取得了巨大的成功。就像今天中国香港、中国内地、韩国等地流行欧洲的名牌与仿制品一样，很早以前的欧洲早就开始盛行东方文化与其仿制品了。

同时，东方画与东方画技巧对西方洛可可文化代表性画家都产生了决定性的影响，比如法国的让·安东尼·华多（J.Watteau），英国的约翰·科曾斯（J.Cozens）、威廉·透纳（W.Turner）等等。其中很重要的一点是在东方画的影响下，英国发明出了水彩画的技法。当时的欧洲画家只知道油画颜料，以及用蛋白或胶水调和的丹培拉画颜料，所以东方画的颜料与墨在欧洲出现以后，欧洲人就为它们的便利性、永久性以及透明的色彩而倾倒，他们于是开始模仿东方画的颜料与墨，制造出了水彩画颜料并加以应用，用这种颜料创作的水彩画由此诞生。文明就是这样相互拼缀（patchwork）[①]发展的。

科曾斯是第一位使用东方画技巧创作水彩画的风景画家。他用褐色、灰色作底色，然后在毛笔上蘸上墨汁，画出轮廓，他所创作的风景画与东亚的山水画惊人地相似。后来透纳继承了他的这种风格，使水彩画成为绘画的一种体裁，给后来的印象派带来了巨大的影响。

当时欧洲的建筑与宫廷中开始出现模仿中国风的佛塔与亭子，许多窗子、楼阁、桥拱开始向着中国风转变，尤其值得注意的一点是欧洲开始大举模仿东亚的园林。

---

① "patchwork"原指把色彩、花纹、材质、大小、形状各异的几片小布（patch）缝在一起的行为。本书中的"patchwork"是指一个国家在接受外来文化时，根据自己的特点，把外来文化与本土文化交织在一起的一种概念。

第二章 孔子的闪电杖

1750年以法国为中心的欧洲大陆一度盛行英国的哲学与艺术。"安歌曼妮亚"(Anglomania)(意为"英格兰狂")①是这一时代的写照。随着安歌曼妮亚的流行,西方知识分子的领导中心从法国转移到了英国,文化艺术的中国化愈演愈烈,因为英国"感觉的时代"其实就是中国"艺术文化的时代"。英国的中国风园林运动蓬勃发展,这一园林运动的核心理念是自然的"无为"与艺术的"有为"之间的协调,它不仅击败了路易十四时代充斥着几何学与雕琢痕迹的旧式园林,还打倒了卢梭(J. Rousseau)源于自然憧憬感伤主义的野生自然园林。卢梭式的园林是排斥一切艺术加工的,而追求"野生"本身。早在1712年,英国诗人约瑟夫·艾迪生(J.Addison)就把中国园林理解为"在自然无为之中隐藏着有为的艺术手法的、天人相助的作品"。

中国人会嘲笑我们这种规则的、直线式的园林,他们认为把树木排成一列,弄成相同的形状,这是谁都可以做得到的。他们希望在自然的作品中表现出他们的天赋,并一直把他们自己隐藏在艺术的背后。[34]

英国诗人蒲柏(A.Pope)把这种类似的思想付诸实践,他把自己位于特威克纳姆的一座干净利落呈几何秩序的园林改造成了中国风园林。由蒲柏与艾迪生点燃的这场中国风园林运动在英国渐成燎原之势。

---

① 这是18世纪的一场启蒙运动,由那些支持、醉心于英国所有社会文化的人发起。这场运动并非只是一时的热潮,直到21世纪仍然对整个英国的思想、文化发挥着巨大的影响。

英国宫廷建筑师威廉姆·钱伯斯（W.Chambers）是第一位系统研究中国园林自然与艺术交织原理的园林学者。他曾两次访问中国，并著有《论东方园艺》一书。在这本书中，他盛赞中国园林，拒绝了卢梭式纯粹自然的园林。

我认为现在的艺术家与批评家都太过于强调自然与单纯性了。这只是一些知识不足、只知道说一些无用废话的人的宣传标语罢了……这种韵律会让人们在无意识之中变得懒散，让人在枯燥无味之中昏昏欲睡。

他认为与自然的相似程度不能成为判断园林是否完美的标准。对于卢梭式的自然园林，他的评价是"极度缺乏多样性，让拜访者感到腻烦至极，在选择对象时缺乏判断，缺乏想象力"，所以他拒绝卢梭式园林，认为它并非是回归自然，而只不过是一种"过敏与感伤"。[35]

第一座正式的"中英混合式园林"（Chinese-English Garden）是钱伯斯在伦敦西南部设计的肯特（Kent）公爵的邱园（Kew garden）。邱园里有许多佛塔等中国风的人造建筑，其中从这座9层、50米高的佛塔上可以眺望到方圆约65公里的风景。钱伯斯还在周围的湖边建造了一座"孔子之家"（House of Confucius）。

邱园的佛塔很快被复制到很多地方，其中最为知名的就是荷兰的罗宫、法国卢瓦尔省的尚德露园、德国慕尼黑的英国花园了。自1760年起，整个欧洲都开始仿建邱园，在法国这种园林就被称为"中英混合式园林"。1773年拜仁的选帝侯马西米兰·约瑟夫四世（Maximilian Ⅳ）（即后来拜仁王国国王马西米兰一世）曾经向英国派遣园林师，要求其向钱伯斯学习中英混合式园林，腓特烈大帝晚年也非常喜欢中英混合式园林。最能体现德国对中英混合式园林野心的是卡塞尔附近的"威廉高地园林"。黑森-卡塞尔的伯爵计划建造一座中国村落形态的聚居区，并于1781年开始动工，当然他也没忘了在里面建造一座佛塔，1778年在聚居区里面种植了一片桑树林，还建造了中国风的画廊，甚至还在青铜祭坛上焚香。

卢梭批评说这种中英混合式园林里没有自然的单纯。对此，1773年翁则尔（L.Unzer）在他的《中国园林论》里反驳称："卢梭似乎想把整个艺术概念从园林中放逐出去，他为什么不干脆把整个园林也放逐出去呢？……我们建造园林并不是为了欣赏自然的整体，而是希望在有限的空间里细细地品味自然之美。"[36]翁则尔认为园林独特的艺术魅力在于其在各种环环相扣的流动气氛里调节人心的力量。正是由于这一点，即便卢梭再怎么反对，中英混合式园林依然在整个欧洲蔓延开来。

洛可可艺术的灵感贯彻在绘画、工艺品、建筑与园林之中，它的来源既不是神的荣耀，也不是战士的英雄气概，或者权贵的权威，而是儒生在一种松弛、有趣、抒情的氛围之中，悠然自得、从容的生活。史学家赫德逊（G.F.Hudson）认为，洛可可的世界观是"生活在中国浙江杭州或江苏苏州的儒家精神的复制品"。它是孔子儒家文化的欧洲版本，类似于中国软彩瓷器审美的洛可可艺术在18世纪的欧洲创造出了拥有一等审美想象力的、独一无二的想象世界。[37]

欧洲人对东亚文化艺术的这种追随不仅源于他们对东亚高水平审美的赞美，从根本上来说更是源于欧洲人对东亚繁荣的向往，因为18世纪以前东亚经济的繁荣程度远超欧洲。

当欧洲人了解了中国文化，明白中国文化拥有与欧洲文化至少对等的价值以后,原本自认为是世界中心的欧洲人自我意识开始动摇。随着东亚文化艺术在欧洲的兴起,欧洲人对孔子儒家哲学与中国的道德政治叹为观止,由此引发了欧洲人研究孔子的热潮。孔子儒家哲学在各地与基督教世界观发生了冲突,最终引发了人们对基督教猛烈地抨击,掀起了理神论的、无神论的、革命性的哲学思潮。与此同时,欧洲的知识分子也渐渐开始了脱希腊化、脱基督教化、脱宗教化的进程。

希腊哲学
苍白无力的反击

如果说15~16世纪欧洲文艺复兴时代是属于希腊哲学的，那么放逐希腊哲学的18世纪就是属于孔子儒家哲学的。诚然，希腊与中国的确是启蒙的两个哲学源头，虽然在文艺复兴时代希腊哲学拥有强大的影响力，但到了18世纪希腊哲学已经被边缘化，中国文化与孔子儒家哲学的影响占据了主要地位。中国竟然是18世纪欧洲精神的诞生地，这可能是许多人没有想到的。中国文化的冲击力与爆发性远在希腊哲学之上。加利福尼亚大学的路易斯·马弗里克（L.A.Maverick）教授曾在《中国：欧洲的范本》一书中这样描写启蒙主义：

欧洲启蒙主义几乎可以称为"第二次文艺复兴"，它是文化的一种觉醒，击碎了精神的沉重枷梏，扯掉了遮住人们双眼的东西。启蒙的一个方面是人们突然意识到外部世界的伟大之处，同时开始把欧洲以外的信息吸收进欧洲思想。在各种系统的思想与信念之中，这种新的信息与评价在从前自给自足或地方主义的封锁的打破、世界观的演变等问题上发挥了极大的作用。[38]

17世纪末18世纪初，赞美文艺复兴与希腊的余波依然存在，所以中国文化与孔子儒家哲学绝对的支配地位也引起了人们一定的抵制。希腊的拥护者对中国文化与孔子儒家哲学表现出了极大的抗拒，其代表性的人物就是大主教费内隆（F.Fenelon）。费内隆对中国的评价比后来的孟德斯鸠更为严苛。

费内隆一直致力于治愈欧洲的伤口，在各种政治尝试失败以后，他已经对这个问题不再抱任何希望，转而一门心思研究希腊，全盛时期的希腊是他理想的典范。18世纪初，欧洲人纷纷为远东而疯狂，这种狂热把古希腊赶到了更阴暗的地方。在这种氛围下，费内隆感觉到要旗帜鲜明地反对中国是不可能的，所以他借用孔子与苏格拉底展开讨论的形式，撰写了《死者的对话》一书，这本书还有一个意味深长的副标题，便是"关于那被盛赞的中国人的优势"。

下面，我们来简单地了解一下这本书的内容。首先，费内隆认为人们把孔子称为"中国的苏格拉底"是不恰当的，因为苏格拉底"绝对从未想过向所有百姓教授哲学"。在他看来，苏格拉底认为国民平等教育是不可能实现的，所以他从未试图为了人民把自己的思想用文字的形式记录下来。"我刻意地节制写作，因为我说的话就已经够多了。"他的愿望是用鲜活的语言，向少数人传播自己的主义，获得这少数人的支持。在费内隆的这本书里，孔子一开始就处于辩解的地位。苏格拉底谴责孔子说，唯有恐惧与希望才会刺激百姓做出善行，所以孔子企图用德行教化百姓的愿望只能是一种"懒惰的希望"。苏格拉底怀疑中国大部分百姓是否真的有德行。为了保护中国的名声，孔子罗列出了中国各种著名的功绩作为证据，但苏格拉底早就准备好了反驳之辞。在苏格拉底看来，印刷术绝非一种值得骄傲的发明，而被用于伤害人类的火药就更是如此了，中国的数学缺乏方法论，至于瓷器，苏格拉底贬低说："瓷器并非中国百姓的荣誉，这荣誉应属于你们的那片土地。"中国的建筑缺乏匀称之美，绘画缺乏构图之美，而漆器的发明只是自然环境的产物。孔子垂头丧气地反问道，中国古代那么伟大，肯定有一些值得称赞的东西。但苏格拉底不断强调，中国人本来的故乡并非远东，而是西亚的某个地方，中国的史学家为了掩盖自己真实的起源，在书写历史时便把真实与寓言掺杂在了一起。处于防守地位的孔子只能说，这个问题最好是先问一下尧帝。对此苏格拉底反驳说，如果是他自己，为了获得希腊早期的知识，绝不会依赖刻克洛普斯（Cecrops）或是荷马（Homeros）的英雄，而只会依靠自己。

费内隆打着苏格拉底的旗号鼓吹中国怀疑论，这完全是出于嫉妒。他借苏格拉底之口对孔子提出了种种露骨的批评与诽谤，而这几乎全部都是污蔑。这本书的阴影笼罩着孟德斯鸠，在他那里又变成了另一种形态，再次死灰复燃。

但18世纪欧洲的主流仍然是对中国与孔子儒家哲学的追捧。德国的莱布尼茨与沃尔夫都非常赞同中国思想与孔子儒家哲学。在法国，伏尔泰与魁奈消除了费内隆与希腊哲学的影响。为了反驳孟德斯鸠对孔子与中国的诽谤，魁奈在《中国的专制主义》（后文我们还会再提及此书）一书中，曾经这样描写《论语》：

《论语》中问答的内容全都是关于道德、优秀事迹与统治方法的。这本语录集里充满着各种原理与道德命题,甚至在希腊七贤①之上。³⁹

　　以魁奈为中心的知识分子十分厌恶古希腊。法国经济学家尼古拉·博多（N.Baudeau）原本对魁奈的重农主义持批判的态度,后来却变成了魁奈的盟友,他的下面这段话里很好地体现了对希腊的厌恶之情：

　　希腊城邦一直缺乏一种正义与善意。他们不懂自然的秩序,记载里充斥着对人类和平与幸福的攻击……这些永不停歇的暴力分子把地球上最为肥沃的地区变成了一片荒芜的废墟。⁴⁰

　　到18世纪中叶,这种反希腊、亲中国的立场日益蔓延,欧洲的18世纪变成了中国与孔子的时代。正如前文所指出的,为了在中国与东亚更好地传教,传教士们开始研究孔子,但是这种行为反而产生了一种完全相反的结果,即孔子儒家哲学反而传入了西方。历史上以武力侵吞中国的异族王朝,最终都被高度发达的中国文化所同化而消失,这种特异的历史形态在欧洲再次上演。在18世纪中叶,至少伏尔泰已经明白了有关中国的这种历史、文化悖论。

---

① 古典希腊时代的七位贤人,指的是泰勒斯、毕阿斯、庇塔库斯、克莱俄布卢、梭伦、奇伦、佩里安德等七人。泰勒斯被称为西方哲学之祖,而梭伦则是一位著名的政治家,奠定了立宪民主政治制度的基础。

中国的宪政制度从未被削弱,也从未被改变。征服者的国家变成了被征服国家的一部分,所以现在中国(清朝)的主人满族手里虽然拿着宝剑,实际上他们已经向所入侵的国家投降了。[41]

从神学、道德、学术的角度来看,当时西方的基督教与哲学并不足以教育孔子儒家哲学家,所以他们最终反过来被孔子儒家哲学所教育。

从东亚目前宗教分布的情况来看,除韩国以外的东亚诸国基督教人口均不足总人口的5%,处于比较低的水平,因此二百多年以来西欧在东亚的传教事业实际上与失败无异。这些传教士的自我牺牲虽然并非出自他们的本意,但确实对西方世界的启蒙与近代化做出了决定性的贡献。

欧洲的理性主义与经验主义分别对孔子儒家哲学产生了两种不同的反响。17世纪末18世纪初复古、教条的理性论者从理性论的视角阐述了孔子,他们歪曲、曲解了孔子的思想,使其符合理性主义,这与当初东方的性理学学者的做法如出一辙。这种曲解、歪曲在理性主义独断论阵营的莱布尼茨与沃尔夫身上有典型的体现。但在18世纪中叶以后理性主义论者对孔子研究逐渐分化成了两个流派。其中一个流派以伏尔泰为代表,他们以英国的经验主义为背景,全面接受孔子儒家哲学,抛弃了理性主义哲学,把孔子儒家哲学视为近代化革命的指导理念。另一个流派一开始也很热衷于孔子与中国,但逐渐感觉到自己的理论与孔子的"解释性经验主义"之间的巨大鸿沟,所以18世纪中叶他们逐渐改变了立场,背叛了孔子与中国,变成了理性主义的激进派。

那么这种理性主义的问题在哪里呢?理性主义排斥世间一切偶然,错误地认为天地万物都处于必然、机械的秩序之中,这种秩序没有一点误差,是可以计算的。甚至,就连原本与理性毫无瓜葛的、情感与感觉的产物——道德,在理性主义者看来,都是理性作用的产物。他们还试图根据理性"计算""制订"道德,这导致了一种反人性的独断与教条。这种错误的理念认为,理性与逻辑的必然支配着人类与世界,在人类历史上它被许多人当成了肆意破坏人类、社会、自然的依据,例如剥削与掠夺,帝国主义与战争,以核武器为首的各种骇人的战争武器以及它们对生命的大肆杀伤,环境破坏与基因突变,纳粹种族主义支配下的犹太人大屠杀等。理性主义排斥人类对快乐、乐趣、美丑、道德的感觉,打压人类丰富的情感、感性经验与共鸣,把"理性"奉为人类全部的能力,其实"理性"只是人类各种能力中最为末梢的一种而已。理性主义还把由行为与情感构成的人类世界还原成为一种必然的、机械论的事物世界,认为它是由理性规划的,最终会只留下一种毫无意义的形式,让人类世界走上"科学的种族国家"的破灭之路。

第三章

在理性的世界里播撒感性的种子

⇓

谁能想得到地球上竟然有一个民族是凌驾在我们之上的呢？双方在记载方面旗鼓相当，虽然我们在理论方面是有优势的，但在实践哲学的领域即伦理与政治的教导方面我们肯定是处于劣势的，对于这种告白我感到非常羞愧。

——德国数学家莱布尼茨

16世纪末，在"性理学王国"——朝鲜的学者就"四端七情"[①]争论不休之际，孔孟儒家哲学开始流传至欧洲，当然这种孔孟儒家哲学是原汁原味的，没有添加任何性理学的因素。学习孔子与中国思想并将其传播到欧洲的传教士并没有将新儒学即性理学（朱子学）视为孔孟儒家哲学的范畴，他们认为性理学虽然以孔孟儒家哲学为依据，但性理学学者却存在着一种无神论的倾

---

① 1559年，时值朝鲜明宗在位，性理学学者李滉与奇大升在信函之中展开了争论，这场争论跨度8年之久。所谓"四端"是孟子在说明人的本性时所提出的，即恻隐之心、羞恶之心、辞让之心、是非之心。"七情"是《礼记》里的词，指的是人"喜怒哀乐爱恶欲"等感情。

向,并且在理论化的问题上缺乏孔子主义的正统性。

孔孟儒家哲学重视经验与实践,在朝鲜的性理学学者把孔孟儒家哲学改造为理性主义的时候,17世纪中后期西方哲学特别是道德哲学领域里孔孟儒家哲学的影响开始有了鲜明的体现。首先,在柏拉图主义的理性主义里,悄然地出现了变化的征兆,即接受孔孟儒家哲学的征兆。在经验主义里也出现了新的共情道德论,特别是英国草创期的共情道德论者准确地认识到了孔孟儒家思想的核心要素,并开始将其应用到自己的著作之中。剑桥大学新柏拉图主义者拉尔夫·库德沃斯(R.Cudworth)撰写了一部道德哲学书籍,对人们的"共情能力"给予了充分的重视,同一所大学的神学家坎布兰(R.Cumberland)主教也撰写了一部基于"仁爱之心"概念的自然法著作。

伊壁鸠鲁学派的复兴与
演变成灾难的思想

孔孟儒家哲学出现在欧洲以前,欧洲哲学家完全不知道什么是"共情道德论"。孔子把道德的源头归结为一种天性的共情,包括怜悯、同情、恻隐之心、仁爱等等,与此相反,欧洲哲学家则一直把欧洲传统哲学奉为绝对真理,不断继承、因袭着传统哲学,在这种传统哲学里,柏拉图、基督教与伊壁鸠鲁分别把理性、启示与利己的契约视为道德的基础。

17世纪中后期西方道德哲学发生了剧烈的变化,为了更准确地把握这种变化与孔孟儒家哲学之间的关系,我们需要大致梳理一下伊壁鸠鲁学派与后来的一些思潮,因为他们对近代哲学产生了决定性的影响。

苏格拉底与柏拉图的道德哲学对感性与经验的评价非常低,

他们把智慧置于勇气、正直、正义等道德之上，至于他们对其他道德的态度，也都是理性主义的，认为这些道德都可以被还原为智慧。归根结底，"善的理念"使善良的德行成为可能，它是永恒的、凌驾于感觉之上的，只有拥有天才智慧的人才能认识它。

随后，古希腊的伊壁鸠鲁学派出现了。在认识论方面，他们标榜基于经验的快乐主义，大肆反驳理性主义的思潮。柏拉图在伦理学中提出了"善的理念"，亚里士多德提出了"观赏的快乐（人们只有透过理性活动才能看到真理与实在，才能欣赏、享受）"，而伊壁鸠鲁学派针锋相对地提出，个体所追求的肉体健康与精神平和等自私的快乐①，才是幸福的本质、道德的目的所在。

伊壁鸠鲁认为，所有的生命都只有快乐（善）与痛苦（恶）这两种情感状态，人们追求那些给自己带来快乐的东西，回避那些妨碍快乐的东西。既然伊壁鸠鲁认为快乐是人生至高无上的目标，那么他势必会把勇气、友谊等道德贬低为一种为了满足自己的快乐与利益而采取的一种带有目的性的手段。

> 勇气并非一种自然的才能，它产生于一种利益的权衡。至于友谊，人们在需要的时候才会追求它。42 在有限的生活条件下，没有什么能比友谊更能提高我们的安全程度的了……人们吃药是为了身体健康，类似地，人们喜欢道德并非因为道德本身，而是为了快乐。43

---

① 伊壁鸠鲁的"快乐"在希腊文里是"Hedone"。这个"快乐"并不是指那种享受情欲之爱、美酒或美食的"浪子的快乐、感官的快乐"，而是指一种禁欲的快乐，即"摆脱身体的痛苦与心灵的烦恼"，维持一种平静之心（ataraxia）的快乐。

从凭借道德追求幸福的角度来看，伊壁鸠鲁与孔孟儒家的幸福论是一致的，因为孔孟儒家的幸福论同样是以"德行求福"为主干的，但伊壁鸠鲁并不认为友谊、勇气、正义等道德乃是发自人类本性的共情，而是把它视为一种社会契约的产物，而这种契约是建立在理性与智慧基础之上的，伊壁鸠鲁学派的主张就在不知不觉之间，沦落成了一种与苏格拉底、柏拉图、亚里士多德的理性主义与知性主义相同的观点了。他们完全没有意识到恻隐之心、仁爱之心、羞耻心、正义感、恭敬之心等美好的共情是道德之源泉，最终绕了一圈又回到与理性主义相同的起点上。

17世纪时欧洲的主流哲学为柏拉图主义与斯多葛主义，但伊壁鸠鲁自私的快乐主义与社会契约道德论在这一时期华丽重生，成为柏拉图主义与斯多葛主义的有力对抗者，一直绵延到近代以后被总称为"新伊壁鸠鲁学派"的哲学思潮，其代表人物有霍布斯（T.Hobbes）、洛克（J.Locke）、孟德维尔（B.Mandeville）等，19世纪时伊壁鸠鲁学派与功利主义合流。

霍布斯是新伊壁鸠鲁学派的代表人物，他复兴了伊壁鸠鲁的道德哲学。他把人类诸如仁爱、同情、友情等利他的本性统统边缘化，推导出一种弱肉强食的自然法则，强调人类对快乐（利益）与安全等自私欲求的强烈追逐，即所谓的"万人对万人的斗争"。同时，他认为人类本性之中不存在德性与道德律的端倪，同伊壁鸠鲁一样，他认为人类是建立在理性基础上的社会契约与国家制度的产物。

继霍布斯之后，洛克同样对"道德律是人类的天性"这一命题持否定态度。他提出的理由是，每个人、每种文明在理解具体的道德行为时依据都是不同的，强调了道德的无政府主义。例如，在"为什么要遵守契约"的问题上，基督教徒的理由是"因为掌握生杀大权的永生之神要求我们这么做",而霍布斯主义者的理由是"公共要求你这么做,否则利维坦(《圣经》中的怪兽,霍布斯将其比喻为'国家')将会惩罚你",而异教徒的古代哲学家的理由是"违背契约的行为是不正直的,背离了人类的尊严、道德"。

各国对道德行为的具体标准与道德规范的观点必然是存在差异的,洛克从这一点推导出并不存在固有的道德律。

他的结论是,人们承认道德的原因在于道德对于人类有益,道德源自一种"后天的认同",这与伊壁鸠鲁的道德观是一脉相承的,因为伊壁鸠鲁认为道德是契约的产物,而契约又是建立在冷静的理性与理性权衡之上的。

洛克甚至认为良心也是习惯与教育的产物,他提出人类的道德就像一张白纸,又把人类看作是一团"可以任意打造、揉捏的蜡",而教育既可以让人善、也可以让人恶,既可以让人变得有用,也可以让人变得无用。洛克从"道德白纸论"的角度出发,否定了基督教信仰里的原罪说,虽然亚当身负必死无疑的宿命,但原罪并非生而有之的。

总之,英国近代哲学家忠实于伊壁鸠鲁的传统,对孔子与中国思想大抵是持蔑视的态度的。当时孔子儒家哲学已经开始在英国与欧洲其他国家传播,但洛克依然选择了轻视孔子儒家哲学,坚守伊壁鸠鲁的道德哲学。继霍布斯与洛克之后,孟德维尔从一种基督教的优越感出发,极力贬低孔子儒家哲学。"类似于Somonacodom[①]或孔子这样、似乎并非借自摩西的故事,都不及

---

① 泰国的一种半神半人。

摩西五经①中的任何故事合理,比摩西五经荒诞五十倍,不值得信赖。"⁴⁴

孟德维尔把人本性中的欲望视为一种利己之心或是对自我的爱。他把恻隐之心或是怜悯等发自本性的情感也都还原为对自我的爱,认为人类彻头彻尾、不可避免地是自私的动物。自私的爱可能会引发各种恶,但这些恶"可以通过政治人绝妙的管理变成一种公共的福利"。出身荷兰的孟德维尔在英国从事的是神经科医生的职业,他发表了一首副标题为"私人的恶德,公共的利益"的讽刺诗《蜜蜂的寓言》,引起了巨大的反响。

从前有一个蜜蜂之国,国王与贵族过着挥霍、奢靡的生活,审判由贿赂的多少决定。有一天蜜蜂们幡然醒悟,它们开始了正直的生活,结果审判、军人、厨师、工作全都没有了,最终蜜蜂都饿死了……愚蠢的人徒劳无功想要筑造正直的蜂巢,但没有恶德的世界是一无所用的乌托邦,只存在于想象之中。⁴⁵

这首讽刺诗提出了一个极具刺激性的观点,即"创造工作的奢侈比让人懒惰的慈善要好得多"。基督教哲学建立在禁欲与节制基础之上,在基督教哲学占据支配地位的时代,孟德维尔提出这样的观点进行了对抗,认为个人基于利己与恶德的消费会带来财富增长、失业减少、国家经济发展等有益于社会的结果。孟德维尔考察了资本主义的根源,极有见地地预测了近代人类的诞生等世界史的变化,给亚当·斯密等经济学家带来了很大的影响。

---

① 摩西所记录的《旧约圣经》中的五部经典,即《创世记》《出埃及记》《利未记》《民数记》《申命记》。

孟德维尔认为，道德并非人本性欲望的产物，而是智慧的国家制度的产物。他没有从人类本性或个人利益的角度，而是从社会或国家利益的角度去看待善恶观念，甚至认为慈善的道德也是社会制度的产物，换言之，他把道德视为知识分子的一种发明，也是一种合理的商品，它与人的本性是相互对立的。

孟德维尔的道德论把欲望视为是恶的，认为一位睿智的领导人可以通过政治手段规定道德，压制人们自私的欲望。领导人可以根据自己对人类道德的合理权衡、策划来制订道德，这种"道德制订论"比伊壁鸠鲁的契约或洛克"普遍认同"的道德概念更危险，因为这种政治道德规定论认为，道德并非建立在契约或认同的基础之上，而是立足于领导人合理的规划之上，其中蕴含着一粒思想的种子，播撒在了卢梭的道德人性改造论、康德的自我立法论以及20世纪的政治灾难之中。这种思想导致了功利主义的"人类改造论"以及纳粹"优生学的种族改造论"，它们都试图改造人类自私的本性。这种思想把人类推向了疯狂与战争，给人类带来了巨大的灾难。

坎布兰主教，
用仁爱代替泛指的爱

17世纪以前，霍布斯、洛克、孟德维尔等的新伊壁鸠鲁学派思潮与理性主义道德论思潮共同构成了西方道德论的双璧，成为西方道德论的主流，西方道德哲学一直困守于两大主流哲学的对抗或是折中的综合论之中。但到了17世纪末，坎布兰、沙夫茨伯里伯爵三世（3rd Earl of Shaftesbury）、哈奇生（F.Hutcheson）等倾向于经验主义的几位英国哲学家忽然开始论述"共情道德论"，这与基督教的信仰以及理性主义、快乐主义的道德论都是不同的。在当时西方贫瘠的哲学土壤里，儒家的共情道德论显得特别特立独行，是西方人闻所未闻的，因为它把怜悯、同情心、恻隐之心、仁爱等天性的共情视为道德的头绪。

剑桥大学神学家坎布兰主教第一次使用了类似于孔子"仁"

的概念的"仁爱"(benevolence)的概念,代替基督教中泛指的"爱"。

比起"爱"这个词,我选择使用"仁爱",仁爱之中包含了我们的意志行为,不像"爱"这个词语,"仁爱"绝对不会被用作坏的意义。[46]

坎布兰以仁爱的概念为武器,对抗西方斯多葛学派的理性主义的知性道德论,以及伊壁鸠鲁学派快乐主义的知性道德论。关于伊壁鸠鲁学派工具主义的德性论,他谴责说,工具主义的德性论"把道德变成快乐感觉的辅助性手段,把感性变成了目标,破坏了所有的道德"。同时,他还批评了经院学派,认为在爱心、情感的发挥问题上,经验学派展现出的是一种破坏性的、刻板的道德,唯有与他人的喜怒哀乐发生的共情,才是从人们真正本性中发扬出来的仁爱。

坎布兰把仁爱的概念设定为了道德哲学的核心概念。与霍布斯当初所提出的"万人对万人的斗争"不同,对于坎布兰来说,"万人对万人真诚的仁爱"(sincere benevolence of all towards all)才是地球上最有价值的财产、最大的荣耀、最好的保险栓。坎布兰甚至还认为,这种仁爱源自肉体、精神,是一种本性的倾向,动物之间也存在着仁爱。对于人们来说,仁爱是保存自我、实现幸福的必需要素,同样地,动物也"出于同样的理由,为了保存自我,与其他的动物形成一种亲密的结合,所以(动物)也拥有充分的仁爱的情感"。

坎布兰充满儒家思想气息的共情仁爱道德论引发了日后英国道德哲学的决定性变革,为思想潮流的变革拉开了序幕。

沙夫茨伯里则是提倡道德无政府主义的洛克的学生。幼年时期，洛克曾担任他的家庭教师，青少年时期的沙夫茨伯里还曾与洛克一同游历了欧洲各地。即便有洛克的影响，沙夫茨伯里依然舍弃了伊壁鸠鲁与洛克的道德哲学，继承并发展了坎布兰的共情仁爱道德论。

沙夫茨伯里也同意个人利益与公共利益之间的协调，从表面上看这与孟德维尔的主张是类似的，但是孟德维尔认为公共利益与私人利益的结合源于高明政治家的绝妙管理，而沙夫茨伯里则认为这起源于仁爱之心与人类本性之中的群居性。

> 吃喝是人类的本性，群居同样也是人类的本性。如果说某些欲望或感觉是发自本性的，那么共情同样也是发自本性的……所有人的本性之中都拥有结合的原理……所有宽厚的精神是结合最多的精神。[47]

从这一点来看，沙夫茨伯里批判了新伊壁鸠鲁学派社会契约道德论，因为他们把政府与社会视为人类理性的发明。在沙夫茨伯里看来，"社会"是人的本性，所以"人是社会的动物"。

沙夫茨伯里赞成人类本性的多样性。他重视"社会情感（共情能力）"，同时部分地承认了与之相对立的"自私自利之心支配着世界"的命题。在他看来，完整的人性是利己之心与利他之心的完美协调，关于这种协调的尺度，他认为仁爱之心是道德性必不可少的条件，反驳了霍布斯的观点。他借用了道德尺度与美学尺度高度的相似性，指出"在艺术领域人们拥有理解美的能力，在伦理学领域人们拥有判断行动价值的能力"，他把这种能力命名为"道的感觉"或"良心"。就本质而言，这种道德感觉是情感的、非理性的，但在发展的过程中，这种道德感觉可以通过教育与应用实现合理化。他把通过应用与教育，从经验上得到锤炼的过程误认作了"合理化"的过程。

孟子曾经谈到过人本性之中的道德的"端"，但包括沙夫茨伯里在内的英国经验主义共情道德论者却认为人的本性之中就包含着道德"本身"，所以关于"修身养性"以提高道德水平的"修身"理论非常薄弱。

哈奇生继承了沙夫茨伯里有关共情道德的理论，反抗孟德维尔在《蜜蜂的寓言》里所提出的"个人的恶德即为社会的利益"这一论断。哈奇生把爱或者说仁爱确立为了道德的"善"的基础。他不认为爱或者说仁爱是一种自私的情感，而将其视为一种让别人幸福的欲望，但他所理解的这种欲望并非是一种感情（非理性的心情作用），而是一种意志（理性的精神作用）的行为，所以他的理论遭遇了瓶颈，因为这就是基督教概念里的"爱"。

基督教里的"爱"并非是一种情感或感觉，而是意志的一种作用。为什么呢？从著名的耶稣山上垂训的故事（《新约圣经·马太福音》第5~7章）中我们可以找到答案，因为耶稣曾经命令道人们必须"爱你的邻舍就像爱你的身体一般"，只有认为爱是一种明确的意志，才能做出这样的命令，因为情感是无法被命令的。由于基督教世界观的介入，哈奇生把欲望与意志混为一谈，所以他的道德论只能沦为一种非现实的理论。

要确立"道德情感"的概念就更加困难了，在五种感觉（眼、耳、鼻、口、皮肤）之外，他提出了第六种感觉，即道德感觉，并认为它是道德观念的源泉，即"秘密的感觉"[48]。人们不能直接感知到道德感觉的存在，这就要求对其进行间接的证明。

总之，"道德感觉"的概念是很令人费解的，但哈奇生依然追求孔孟的"仁"的概念与"最多数人最大的幸福"的"博施济众"的思想。

> 为最大多数人谋求最大的幸福的行为是最好的行为。[49]

他把幸福定义为了本性的善,他证明了本性最大的善就是仁爱本身,以及怀有善良道德的性质。对于哈奇生来说,幸福并非财富等外在的快乐,而是一种道德,但他同样认为欲望并非情感,而是一种意志,最终把仁爱的概念扭曲至理性主义的方向。

即便如此,哈奇生仍然是西方第一位把情感放在伦理学中心位置的哲学家。哈奇生的道德论予休谟、斯密等研究共情道德论的苏格兰哲学家以深刻的影响。

17、18世纪的欧洲,从坎布兰到亚当·斯密,古希腊哲学、基督教神学以及原罪论式的性恶说被边缘化,而受到孔子影响的新共情道德论的因素则成为一种与理性对等,或者说超越理性的力量。但是坎布兰、沙夫茨伯里、哈奇生等17世纪的欧洲哲学家,特别是欧洲的哲学家与神学家们却把深入他们思想骨髓的孔子儒家哲学深深地隐瞒了起来,其原因是复杂的:基督教的宗教桎梏与傲慢,欧洲的自我封闭与优越意识,对中国文明优秀性的认识不足,对自我独创性的夸张与炫耀的意图等等,不一而足,所以剽窃孔子思想的行为在隐秘进行着。

由于欧洲传统哲学的压迫与宗教的压迫感,以及这种剽窃行为的隐秘性,17世纪欧洲的孔孟哲学遭遇了严重的挫折,即知性主义与理性主义的偏向。剽窃了孔子思想的欧洲哲学家纷纷把爱、仁爱、怜悯等道德的共情放入理性主义的或是基督教神学的框架,导致孔孟儒家的道德理论已经失去了本来的面貌。一直到

18世纪初，在欧洲部分作家之间，这种隐晦的剽窃行为依然没有消失。

直到18世纪中期这种风气才发生了变化。这是由于当时东西方之间文明交流进一步的扩大，而且这种扩大可以说具有划时代的意义，旧制度（ancien regime）的权威崩塌，宗教、思想上的怀疑主义蔓延，在这个过程里，中国文明与孔子儒家哲学的优越性被人们普遍了解。为了提高主张的权威性，诸位学者在研究哲学时纷纷打出了孔子的旗号。在伏尔泰、魁奈、休谟、斯密等亲华派的各位哲学家努力下，库德沃斯的共情概念，坎布兰的仁爱论，沙夫茨伯里的利他的、社会的共情论、哈奇生的道德感情论焕然一新，变成了与孔孟儒家的共情道德论更加接近的形态。由此，共情与同感变成了道德的线索，新颖的欧洲式的共情道德论得以展开。

草创期的英国共情道德论者已经非常准确地认识到，道德的根据并非"理气论"的"理"（或者说理性），而是人性之中的各种社会情感，这些社会情感是指围绕着共情即"怜悯、同情心、同心同德"或是"仁爱"的情感。从这种角度来看，坎布兰、沙夫茨伯里、哈奇生等英国哲学家比16世纪时朝鲜的性理学家们更好地继承了孔孟思想的精髓。虽然英国的共情道德论者并没有完全地理解或全盘接受孔子的道德哲学，但至少他们准确地理解了孔孟儒家的核心思想，并予以丰富地发展。

19世纪与20世纪初，大部分西方哲学家已经彻底遗忘了这一个事实。直至最近，西方哲学界才逐渐开始认识到孔孟儒家哲学对西方哲学的影响。关于孔孟儒家的共情道德体系与西方理性主义道德体系之间的差别，以及孔孟儒家哲学在德性主义方面的优越性。东方哲学研究家艾琳·布鲁姆曾经这样说过：

约翰·帕斯莫尔认为《论语·阳货》篇第2节中的"性相近,习相远"可以从"洛克所阐述的意义来理解"。同时,从剑桥大学柏拉图主义者与坎布兰的角度来看,孟子的"仁"的确是存在反响的。比如库德沃斯曾经辩称:"万人拥有共同的共情原理",坎布兰则曾经辩称:"过去人类一直被理解为是一种动物性的存在,但人类拥有一种对彼此的仁爱之心的性情。"他说:"18世纪的欧洲为中国文明所倾倒,它很多富有特点的教诲在很多方面都与儒家思想(孔子主义)非常接近。"[50]

帕斯莫尔把孔子所说的"性相近,习相远"理解为洛克的"道德白纸论",但是"天命之谓性,率性之谓道,修道之谓教"才是《中庸》的根本命题,从这一点来考虑,这种看法从本质上就是错误的。

在20世纪60年代,人们几乎已经忘却了孔子儒家哲学乃是18世纪启蒙主义的导火索与原动力的事实,在这样的背景下,帕斯莫尔虽然没有明确地证明孔孟儒家哲学的直接、间接影响,但是却极为清楚地了解到孔孟儒家哲学的卓越,及其对欧洲的影响,所以他评价说,"17、18世纪所发生的事情其实是欧洲思想的孔子化"。[51]

孔孟儒家的影响并不是保证西方共情道德论真理性的"证据",17世纪后期它对英国哲学产生了决定性的影响,刺激了英国哲学界共情道德论的产生,对18世纪欧洲的哲学发展产生了本质的影响,导致传统哲学动摇,文艺复兴时代焕发生机的希腊哲学甚至被边缘化。对此,笔者将在下一章里按照国家、哲学家的类别来展开系统的论述。

莱布尼茨，
把孔子儒家哲学视为人类发展的天意

德国数学家、哲学家，微积分的创始人之一戈特弗里德·莱布尼茨（Gottfried Wilhelm Leibniz）对东方哲学也非常精通。他天资聪颖，14岁时就进入了莱比锡大学，修读完哲学本科课程以后，本来打算继续攻读博士，但却因为年纪小而被拒绝入学，所以他只能到纽伦堡附近的阿尔特多夫大学拿到了博士学位。

莱布尼茨开始倾心于数学研究，源于在法国时与牛顿、波义耳等学者的交流。他的数学研究虽然起步很晚，但却发明了最早可以进行四则运算的计算器，并创立了微积分学。但由于英国的牛顿也发现了微积分，而且时间类似，遂引起了许多争议。当时牛顿隶属于声势显赫的英国皇家学院，他大肆宣称莱布尼茨剽窃了自己的研究成果，这件事甚至演变成了国家间的对立，折磨了莱布尼茨许久。

莱布尼茨是第一位承认孔子儒家哲学对西欧发展具有重大影响的欧洲人,但他没有像耶稣会的神父或18世纪时的哲学家那样投身到孔子儒家哲学的研究之中,因为他不懂汉字,所以他不能直接阅读孔子的经典,而且他生活的时代比较早,接触不到像样的译本。直到1716年莱布尼茨去世之际,欧洲才开始出现比较完备的译本。

1697~1699年之间,莱布尼茨编纂、出版了《中国近况》一书,在这本书的附录里,莱布尼茨介绍了当时关于中国与孔子的一些书籍,而这些书籍介绍了中国的基本情况,大部分都曾引起欧洲人对中国的关注。换言之,莱布尼茨只能通过当时耶稣会神父翻译的部分经典,或是多明我会、嘉布遣会的神父翻译的文本,来艰难地理解、维护孔子儒家哲学,因为耶稣会神父翻译的经典是不完整的,而多明我会、嘉布遣会与耶稣会相互敌对,他们有时会故意歪曲翻译。莱布尼茨的学习方法可谓是盲人摸象式的,但在某些段落的阐释上,他凭借敏锐的知性与强大的推理能力,有时甚至能逼近孔子儒家哲学的核心部分,乃至洞悉到当时派系林立的神父在翻译时存在的不同程度的错误与有意的歪曲。

在阐释儒家理论的时候,莱布尼茨比较特别的一点是他试图从基督教神学的视角出发,使先秦(秦始皇创建秦朝以前)儒学与性理学都实现合理化。他很早就开始对中国的哲学感兴趣了,并与耶稣会的传教士进行了接触,有时候是直接与他们见面,有时候则是通过书信的方式与他们交流。莱布尼茨曾经与后来因流放而闻名的哲学家波义耳通过书信的方式讨论过中国,而莱布尼茨比波义耳年长33岁。

莱布尼茨的书房里还收集了多达50卷的与中国相关的书籍。

在晚年的20年时间里，莱布尼茨针对中国创作了4部有意义的著作，其中之一便是《中国近况》，从这本书的序言与其中一系列的信件来看，我们可以了解到莱布尼茨关注中国的原因，看到他所关注的范围之广。他把中国视为"东方的欧洲"，他把高度文明化的中国与中国的发现称为"人类发展的天意"。

全人类最伟大的文化和最发达的文明仿佛今天汇集在我们大陆的两端，即汇集在欧洲和位于地球另一端的东方的欧洲——中国。我相信，这是命运的特殊安排。大概是天意要使得这两个文明程度最高的（同时又是地域相隔最遥远的）民族携起手来，逐渐地使位于它们两者之间的各个民族都过上一种更为合乎理性的生活。[52]

他认为在理性与知性的方面欧洲比中国更胜一筹，这就意味着莱布尼茨在不损伤基督教式的自负与欧洲中心主义的傲慢的前提下，承认了中国文明的优越性。

在1691年5月31日莱布尼茨寄给葛里马迪（C.F.Grimaldi）神父的信函里，他认为"现在相隔遥远的民族之间应该相互交换新的认识"[53]，他把这种天意与人类的普遍福祉联系起来，期待通过东西文明的融合，实现一种普遍文明。

并在书信中表明，在自然知识领域"最出色的无疑是中国人"。

在数学方面，欧洲虽然更加出色，但是在实践经验方面，显然是中国人更加优秀。中华文明繁荣数千年，他们完好地保存了祖先的传统，而欧洲由于民族迁徙这些传统都已经流失了。[54]

在这封信函里,莱布尼茨仔细地考察了中国像铁一般坚硬的木材、柔软的楮皮纸、不褪色的染料、不管风从哪个方向吹来都能转动的万能风磨,然后建议说,中国优秀的观察经验与欧洲优秀的理论思考之间应当进行交流。

这里需要注意的一点是,莱布尼茨表示,在17世纪末以前,自然科学(Physics)与各种工业技术、医术等方面,中国比欧洲更为先进,他督促欧洲赶快引进这些技术。对于那些因西欧的科学主义陷入自卑情绪的东亚人来说,这一段可以带来很大的启示。在近80年以后,亚当·斯密在1776年出版的《国富论》里,表示中国与欧洲的技术水平几乎一致,与当时莱布尼茨的意见相互印证。

虽然莱布尼茨承认中国是一个先进的国家[55],但他的局限性还是很明显的:他困于基督教的优越感与《圣经》之中,把尧帝阐释为雅弗的儿子雅完,未能摆脱欧洲中心主义的思考方式。[①]而且他认为,中国虽远离战争,但地球上存在着其他一些好战的国家,它们随时都可能变成中国的威胁,所以他认为中国的"和平主义"不够智慧。

在战争学方面,他们比我们的水平要落后,其原因并不在于他们的无知,而在于他们的深思熟虑。他们蔑视在世间引发、煽动侵略的所有一切……他们厌恶战争,仿佛在追随基督高层次的教诲。如果他们是独自在地球上生存的,那么他们的行动是智慧

---

① 《圣经》里在大洪水中幸存下来了挪亚的三个儿子,分别是闪、含、雅弗,他们成了人类的祖先。

的,但现在即便是正义之人也要研究加害别人的技术,以防恶人的权力靠近自己。[56]

莱布尼茨自诩在战争技术方面,欧洲比中国更加出色。他主张中国应该培养武力,磨炼先发制人、首先加害别人的技术,显示出好战文明的本色。而孔孟儒家思想意在追求在宇宙之间、各生命之间的和平共处,所以他们的思想有着层次上的不同。孔子在《论语·八佾》中曾云:"君子无所争",原文是:"子曰:'君子无所争。必也射乎!揖让而升,下而饮,其争也君子'。"("君子没有什么可与别人争的事情。如果有的话,那就是射箭比赛了。比赛时,先相互作揖谦让,然后上场。射完后,又相互作揖再退下来,然后登堂喝酒。这就是君子之争。")

孟子比孔子更加积极,《孟子·公孙丑下》有云:"君子有不战,战必胜也。"战争的前提条件是尽量地不与别人发生战争,着重号在于"不战"这两个字上。

莱布尼茨也承认,在道德水平方面,中国比欧洲更加优秀。

然而有谁过去曾经想到,地球上还存在这么一个民族,它比我们这个自以为在所有方面都教养有素的民族更加怀有道德修养?……如果说我们在手工艺技能上与之相比不分上下,而在思辨科学方面略胜一筹的话,那么在实践哲学方面,即在伦理以及治国学说方面,我们实在是相形见绌了。承认这点几乎令我感到惭愧。人们无法用语言来描绘,中国人为使自己内部尽量少产生麻烦,对公共安全以及共同生活的准则考虑得何等的周到,较之其他国民的法规要优越许多。[57]

他表示,"只是希望我们也能够从他们那里获得对我们更有利的东西,特别是实践哲学和更加合理的生活方式"。欧洲的道德状况肯定已经严重堕落了,所以他希望中国政府能够向欧洲派遣教化道德的传教士,就像欧洲向中国派遣传教士传播基督教一样,他认为中国也应该向欧洲派遣道德传教士。

但是,莱布尼茨在此基础上又增添了一段出人意料的理性主义阐释。"人类最大的痛苦是由个人以及人与人之间造成的,这是一个不争的事实。'人与人相互为狼'(Homo Homini Lupus)这句话亦是再现实不过了。尽管我们已经面临着如此频繁的自然灾害,人们还是要给自己添加苦难,这特别是我们这里的一件巨大的蠢事,然而全人类亦是如此。"

"人与人相互为狼"这句话其实是对狼这样的社会属性很高的犬科类动物的亵渎,同时也是对比犬科动物社会性更高的人类的一种侮辱。与之相反,他认为,中国人不喜欢"人与人相互为狼"的性恶说,而是坚定不移地相信孔孟的性善说,他们不认为人性之中充满缺点,或是人性比理性更加低等,他们忠实于这种天生的性情,可能品德更加高尚。但是作为德国的哲学天才,莱布尼茨却无法真正理解这种观念,因为他是一个理性主义者。

中国人按照儒家的教诲,通过不知不觉之间所做出的"不断地实践",扩充着这种天生的善良品性(共情的恻隐之心、羞恶之心、恭敬之心),并将其内化为自己的一种习性,然后把它升华为一种德性。但是,作为一个柏拉图式的理性主义者,莱布尼茨却把中国人的"德性"误认为是一种变成了习性的"理性"。

他们通过不断地实践理性与规范,从而把它变成了一种天性,并乐于遵守。中国的农民与仆人在与朋友告别时或是久别重逢之时，都会用爱与尊敬对待彼此，其礼仪可以与欧洲的高阶贵族相媲美……但是我们欧洲人在新交了朋友几天以后，就再难以看到恭敬之心或是谨慎的语气了，在信赖感建立起来以后，礼仪就会崩塌。这虽然看起来像是快活的自由奔放，但这种态度也导致了轻蔑、诋毁、憎恶，以后甚至会产生敌对之感。[58]

莱布尼茨这种基于理性主义道德观（理性与规范）的赞美很容易变成对中国人的一种诋毁，因为他的思维方式是一种基督教式的自命不凡，即通过理性对人类恶的本性（原罪）进行控制。"即便如此，中国人也不能真正实现完全的、有道德的生活，因为这种生活只有在上帝的恩宠与基督教的教诲之下才能实现。"

这短短的一句话里，包含着对中国人品德的一种叹服，一种自卑感，以及基督教作为启示宗教的一种优越感，可谓百感交集。沉沦于这种复杂情结之中的莱布尼茨，在傲慢的欧洲主义与理性主义、基督教的偏见之中，不可能认识到，向认定了性善说的中国人传播基督教的原罪说几乎是不可能的，而且他最终也未能搞清楚中国人优越的道德品行的原理是什么。

蒙昧的欧洲巫师之间的
有神论与无神论之战

这个故事发生在康熙帝①在位时的广东。

有一位高级官员在家里时听到了邻居家喧闹不已,他连忙派差役去邻居家探询,看看发生了什么事情。差役回报说,一位丹麦商社的神父、一位巴达维亚的荷兰神父和一位耶稣会的神父正在争吵。于是这位官员便请这三位神父来到家里,以香茶果饵相待,询问他们争吵的理由。

---

① 中国清朝第四代皇帝,他在内政外交方面建立了伟大的功绩,反映在文化上面,他主持编纂了中国最大的一部类书即百科辞典《古今图书集成》,以及《康熙辞典》等多部书籍。他还通过耶稣会的传教士引进了西方的学术与技术。

耶稣会的神父首先开腔说道:"我一贯正确,却要跟这些向来谬误的人打交道,真的太辛苦了。"

并且说起初争辩他很克制地提出自己的论点,但最终他终于失去了耐心,就发起了脾气。

这位官员温和地劝他说:"即便在争辩之时,也要注意礼貌。在中国即便人们意见相左,也不会发火动怒。"

官员认真地聆听了他们争辩的原委,原来是丹麦神父与荷兰神父不肯服从三次特兰托宗教会议①(这三次会议召开于1545年至1563年之间)的决定。官员听了这话以后,对丹麦与荷兰的神父说道:"我认为你们应当遵从大型宗教会议所做出的决定,我虽然不了解特兰托宗教会议,但许多人的想法总比一个人的想法更智慧。任何人都不应自认为比别人知道得更多,或是自以为是,我们圣人孔夫子就是这么教导我们的。如果你们同意我所说的话,那么还是遵从特兰托宗教会议的决定比较好。"

这时,这位来自丹麦的神父表示,自己已经在彻底遵守宗教会议的决定了。听了他的话以后,荷兰的神父驳斥说丹麦的神父根本就没有遵从,同时他又谴责了耶稣会神父在官员面前装腔作势、表里不一的行为。

中国的官员愣了一下,然后反问道:"你们三位难道不都是基督教徒吗?你们所接受的教义不应该都是一样的吗?如果你们希望我们中国人接受你们的教导,那么你们首先应该容忍别人的意见,同时让对方也容忍你的意见。"

---

① 该会议的目的在于改革弊病,终止欧洲教会由于宗教改革运动而产生的混乱与分裂。该会议以消除中世纪的教义或典礼的多样性、实现统一的教会为目标,确立了近代的天主教教义。

三个人分别从官员家出来以后，耶稣会神父偶然地碰到了多明我会的神父，他说刚才有一场争辩，结果是自己赢了。多明我会的神父挖苦道，如果刚才自己在场的话，耶稣会神父肯定赢不了。他说："我肯定会证明你在说谎，而且你崇拜偶像。"这场争吵愈演愈烈，最终他们二人厮打起来。中国官员得知发生吵架斗殴的事，便把二人都抓了起来关在了牢里。官员的下属问道："大人要关押他们多久呢？"官员回答说："直到他们取得一致的意见为止。"下属又说道："那么他们一辈子都要待在狱里了。"官员感到很吃惊，所以改口说："那就关到他们谅解彼此为止。"下属继续说道："这样他们还是要一辈子待在狱里。"官员只能放弃说："那就关到他们假装相互原谅为止吧！"[59]

　　这个故事节选自伏尔泰《论宽容》第19章《记一场在中国进行的争论》，它好像一幕黑色喜剧，鲜明地体现出了欧洲人基督教式的独断与中国宗教自由之间的巨大反差。

　　当时这两大文明之间在政治、文化方面拥有巨大的差距。直到今天，欧洲人才享受到了世俗化的神与自由，而这其中有孔子儒家哲学与东亚文化的功劳。在欧洲传教士来到中国以前，中国的儒学家就已经形成了一种自由的宗教观，在他们看来，欧洲基督教各宗派之间的争吵就像是一场鲜血淋漓的"斗鸡"活动，它发生在践踏宗教自由的"蒙昧巫师"之间。因此，即便是一向偏袒耶稣会的莱布尼茨也止步于"巫师"的水平，再不能向上提高了。

　　莱布尼茨活动的时代正是耶稣会在东方传教的垄断权遭到动摇的时候，多明我会与嘉布遣会开始挑战耶稣会在东方传教的权威，这种权威原本是受葡萄牙君主保护的，而随着当时西班牙的迅速崛起，这种权威当然会遭到挑衅。多明我会与嘉布遣会开始把利玛窦的适应主义视为异端，提出了不同的反对意见，因为利玛窦认为天主教与儒家是一致的。

他们首先对祭孔的性质与中国传统的祭祀祖先的礼仪问题提出了异议，1704年教皇克莱门特十一世（Clemens XI）下达敕令，禁止天主教神父与教徒参加祭祀，并将参加者视为异端，最终这场争论以多明我会与嘉布遣会的胜利而落下帷幕。

中国康熙皇帝则严厉禁止了持非适应主义主张的神父在中国开展传教活动，并下达了敕书，申明祭祀是一种非宗教性质的活动，还向罗马派遣多名神父作为特使说明情况。直至1709年，为了圆满地解决这一问题，康熙帝做出了许多努力，但是由于船舶失事以及罗马教廷的自命不凡，这些努力全部付诸东流。随后，康熙皇帝下令彻底禁止所有违背利玛窦适应主义路线的神父进入中国，同时禁止他们在中国开展传教活动。后来伏尔泰在回顾这场祭祀礼仪之争时，辛辣地讽刺了欧洲中心主义与其排外性。

莱布尼茨对利玛窦适应主义的立场持支持的态度，而在中国的祭祀与宗教问题上，大部分耶稣会神父都是遵从这种立场的。利玛窦在阐释儒家思想时，没有选择性理学，而是把视线放到了先秦儒学，或者说古代孔子儒学上面。他把上天与天主（上帝）对等起来，找到了让基督教适应中国的道路。利玛窦在当时性理学代表人物的学说里看到了无神论的因素，他认为性理学的创始人朱熹（朱子）同样歪曲了先秦儒学，所以利玛窦便舍弃了朱熹，没有研究他的学说。他恢复了孔子的古代儒学，因为先秦儒学没有沾染性理学的气息，试图以此来对抗性理学，贯彻真正的孔子思想。这种立场是他们做出的一个绝佳选择，因为他们可以借此避免性理学的一些弊病。在性理学兴盛的北宋时期，老庄哲学与佛教大为流行，由此产生了许多弊病，为了消除这些弊病，就需要把老庄的"气"的理论与佛教的"理"的理论糅合起来，并将其哲学化，这是时代的要求，但是在数百年以后的西欧社会，这种理论没有任何作用，反而"陈旧的未来"即先秦儒学，才是一块包含着真正价值的天然瑰宝。

孔子儒家哲学的规范与性理学不同，它没有采取强制或压迫的手段，而是利用榜样与模范教育、学习的方法，它不是性理学似是而非的观念主义或理性主义，即所谓的"存天理，灭人欲"（按照理性行动，消灭感性的欲望），而是一种经验主义。对于像利玛窦这般虔诚的基督教徒来说，唯有孔子才能让他心悦诚服，性理学的逻辑只是一种异教徒的理念体系，与自己的信仰相对立。虽然先秦儒学同样也是异教徒的一种理念，但是它明显宽容、敦厚得多，所以利玛窦把这个学说的创始人孔子看作是"古代异教徒之中最伟大的智者"，在做出这一认定以后，他便确信在中国的传教必能成功了。在利玛窦的眼里，中国的一切都是完美的，只有一样，那就是缺少宗教。虽然中国比欧洲更加先进，但要把它变成"神国"，在利玛窦看来只需要几步就能实现。

对于性理学，莱布尼茨与利玛窦的立场是不同的，因为性理学的理论与他的理性主义哲学有异曲同工之妙，所以他把朱熹的性理学也纳入了自己的研究范围之内。

自罗马时代以后，欧洲日益沉沦至基督教教条的神的观念之中，而中国的情况恰恰相反，中国自夏朝与周朝就拥有对鬼神敬而远之的传统，并遵从孔子关于鬼神的教导，即"务民之义，敬鬼神而远之，可谓知矣"（致力于人世间该做的事情，对鬼神报敬而远之的态度，这就可以说是明智的了）。

一般而言，人世间该做的事情完全可以通过人世间的知识即"人智"解决，在这些事情上，对神敬而远之没有任何问题，脱离宗教、远离鬼神是完全可能的。无论古今，中国人与东亚人在日常生活中不被鬼神束缚，只有在祭祀或是与天命有关的几点问题上才会接近鬼神。他们把在生活中随时侍奉神灵的人视为巫师或巫婆，在当时东亚人的眼中，欧洲的传教士不过是一些有些医术的"大鼻子巫师"。总之，当时的中国人兼具"日常的无神论"与"间断的有神论"的特点，这是一种随时切换的自由状态，超越了有神论与无神论的差别。东亚人的这种神灵观是很独特的，也迥异于伊壁鸠鲁的"神灵无用论"，因为伊壁鸠鲁认为神灵对人的生活没有任何影响，所以他把神灵从城邦之中驱逐出去，把他们全部变成了"宗教的失业者"，而东方人则会根据不同的状况，有时候会敬神，把神请进门，而有时候则会远离神，专注于经营自己的生活。

对于中国人、韩国人以及其他儒家文化圈的这种境界，当时神灵附体的西方人完全无法理解，所以表面看来，有关祭祀的争论是一场针对在中国传教的垄断权而发生的斗争，但实质上，数千年以来的中国已然实现了世俗化、哲学化，而欧洲却依然沉浸在基督教的神的观念之中，二者的思想之间存在着巨大的差距，而且当时中国对宗教自由的宽容度很高，而欧洲却没有宗教自由，二者的文明之间也存在着巨大的差距。

莱布尼茨认为，祭孔礼仪并非是一种迷信或是礼拜，而是一种公共的礼仪，所以从教理上来讲，基督教徒也可以参加祭孔的活动。他举例说圣凯瑟琳节是哲学家为了称颂亚里士多德而举行的庆典，这与祭祀孔子是一样的。如果说二者之间有差别的话，那么"只是没有人再比中国人更具有献身精神了"。同时，他认为儒生是中国"现代的"无神论者的神父，他虽然接受儒生是无神论者的事实，但他确信这并非中国的正式立场，所以他主张，儒生的祭祀可以证明他们是有神论者（当然这与利玛窦的主张即祭祀并非宗教性质是相互矛盾的），而对祖先神灵的祭祀最终可以归结为对上帝（比祖先神灵地位更高的存在）的祭祀。莱布尼茨所犯的另一个更大的错误是，他误认为中国的皇帝是中国的宗教首领，类似于教皇，所以他提出了一种很容易侵犯中国传统宗教自由的办法。

上帝是最高的存在者，也是智、善以及其他所有完美的源泉，所有的财物必须要特别地献给一切善的首创者，而恩惠不应该从死者那里取得，而应该把希望寄予最高存在者本身，所有其他神灵都是由这最高的存在者创造出来的，灵魂是永生的……如果我们可以让皇帝宣布这一切，那么我认为我们就已经成功了。[60]

这个办法在东亚是行不通的，因为中国的皇帝每天参加经筵，与全中国最出色的学者进行讨论、学习、商议，所以皇帝不可能通过敕令来宣布这些事情。

这些争议最终归结到"孔子是有神论者，还是无神论者"的问题。对利玛窦的挑战，始于其继任者耶稣会神父龙华民（N.Longobardi），他以《论语·述而》篇中的"子不语怪力乱神"为证据，认为孔子是无神论者。对此，莱布尼茨的解释是："对于自己未曾深入探索过的领域，孔子可能并不了解。"莱布尼茨这种主张的基础是他认定孔子是持可知论的，即只要孔子进行了深入的探索，那么他就能了解神。莱布尼茨完全没有搞清楚孔子不可知论的立场，而这种立场是与苏格拉底、柏拉图一脉相通的。莱布尼茨继续遗憾地表示："如果孔子能更详细地说明他的立场就好了。"[61]

对于莱布尼茨的疑问，简单来说，孔子一直站在不可知论的立场上，他认为有关鬼神与神智的事情都不能通过人智去了解，要克制自己去追问、讨论关于鬼神、天命、天道的事情，孔子认为如果有这个时间，不如集中、努力去研究那些用人智可以了解的事情，这才是对神的恭敬。人事尚不可知，如果再去费力去了解那些鬼神之事就不明智了，所以孔子说："知之为知之，不知为不知，是知也。"[62]

　　所以，基督教神学家与莱布尼茨等理性主义者一样，宣称自己了解凭人智不可知的神灵，这是不明智的。只有在面对超越人智范围的问题时，孔子才会通过东方最早的哲学著作《周易》去询问鬼神，求得神智。

　　苏格拉底、柏拉图也与孔子一样，认为人对神的认知具有绝对的局限性，所以他们一直强调不可知论，认为关于神的学问（epistēmē）即神学从一开始就是不可能实现的，故而不应该再继续探索下去，人们能够认知到的，最多只是一些似是而非的故事，即神话（mythos）。苏格拉底借用德尔菲神殿的警句"认识自己"来告诉人们：与神智相比，人智是微不足道的。总之，爱好知识的苏格拉底与柏拉图对于谈论、追问关于神的事情是非常克制的。

　　与此相比，当时东亚的儒学家与普通民众既非有神论者也非无神论者，他们平时是无神论者，间或有时会成为有神论者，处于一种自由的中间状态，或者说处于一种超越了有神论与无神论的状态，这种有弹性的精神境界就是"宗教的宽容与自由的境界"。

　　处罚其他宗教的信仰者或无宗教信仰者的行为非但不文明，甚至是野蛮的。当人类的某些信念变成一种习惯，就会对他人变得不理解。当时，落后的欧洲文明圈以处罚异教徒为常事，而莱布尼茨因守于此，被基督教的神的概念所绑架，一点理解不了东亚儒家世界观里的宗教自由，而这份自由自数千年以前一直绵延至今。今天的东亚各国虽然宗教信仰各自不同，但却没有宗教纷争。不得不说，东亚古老的传统即对宗教自由的保障是一种非常优秀的文化。

我们必须承认,作为一名基督教徒,莱布尼茨虽然拥有一种狭隘的神灵观,但在祭祀礼仪的论战之中,莱布尼茨是当时唯一一位站在耶稣会立场上的哲学家,而耶稣会站在适应主义的立场上,承认了东亚的祭祀礼仪传统。孤军奋战的莱布尼茨拥有缜密的逻辑与惊人的直觉,他的远见卓识对欧洲日后的中国学与孔子研究产生了巨大的影响。莱布尼茨改变了后来欧洲人的态度,让他们开始尝试学习中国的伦理哲学与政治思想。直到18世纪,经过启蒙主义的哲学斗争,西欧文化中的宗教蒙昧才得以消解,实现了世俗化。

20世纪以来,西欧学界才开始推测历史上孔子与启蒙主义的关系,并从深层次上展开了探索,做出了许多成绩。当然,从帕斯莫尔的例子中我们可以看到,时至今日欧洲仍然有许多理性主义者把孔子曲解为理性主义者,但就像我们从坎布兰、沙夫茨伯里、哈奇生等学者身上所看到的那样,相较而言,经验主义系列的哲学家比较少地歪曲孔孟儒家哲学,并且相当深入地理解并接受了孔孟儒家哲学,这一点从后来的休谟与亚当·斯密的身上看得更清楚。

相反,在面对西方时,东亚知识分子阶层仍然未能摆脱劣等意识,对于孔孟儒家哲学对启蒙主义所产生的影响仍然处于蒙昧未知的状态,对其的研究也很罕见。在过去一百多年的时间里,东亚知识分子醉心于吸收西欧文化,过激地否定了孔子儒家哲学与传统思想,或者说孔子儒家哲学只是在形式上苟延残喘。反讽的是,无论是孔子儒家哲学的复兴方面,还是透过西欧哲学反省孔子地位的方面,今天东亚的知识分子都落后于西欧的知识分子。对于绕着地球村转了一圈重新复兴的孔子,我们依然未能做到透彻的理解。

第四章

有关东方世界的诽谤与礼赞并存之地——法国

⇩

孔子从未教导人们相信任何新宗教，也从未应用过任何宗教式的欺骗。他从未对他所侍奉的皇帝阿谀奉承，也没有提到过皇帝……我全神贯注地读孔子的这些著作，我从中吸取了精华，除了最纯洁的道德之外，并且没有些许的假充内行式的蒙骗的味道……只有一个中国人选择了否定孔子，而他遭到了人们普遍的诅咒。

——伏尔泰《哲学辞典》

在整个欧洲地区，受中国与孔子儒家哲学的冲击最大的地方是法国。16世纪以来，法国的文艺思想因为"东方"的突现而备受冲击。虽然法国人并没有一开始就直接踏上亚洲探索之路，但因为国内频发宗教矛盾，所以对自身文化产生了动摇。正因为如此，法国思想家们描写东方的时候反而能够以更加超然且开放的姿态靠近。对法国思想家们而言，东方的存在是对西方现存制度与传统见解最强有力的挑战，同时也是有助于自我批评与推动发展的巨大冲击。

当然了，尽管中国文化与孔子儒家哲学带来了"冲击"，但并不意味着他们由此觉醒，并以惊人的速度原封不动地接纳中国文化与孔子儒家哲学。欧洲人引进中国文化与孔子儒家哲学之后，使之变成符合自身口味的独特且崭新的"交织型哲学思想"。尤其是在法国展开的激烈的思想辩论，推动了欧洲哲学的近代化进程，并激起了各国对"启蒙主义"的斗志。

诽谤东方的思想家
孟德斯鸠

孟德斯鸠的全名为"Charles-Louis de Secondat, baron de la Bréde et de Montesquieu"。孟德斯鸠男爵出生于法国波尔多地区有历史渊源的贵族家庭,是在18世纪法国乃至整个欧洲都名声大噪的政治思想家、法律学家和历史学家。同时,他也是将中国与东方的所有国家,通通归为"基于恐怖的专制国家"的东方诽谤者。他虽然是一位主张分权制的理论家,但他对中国与东亚儒教国家的独特政治体制或言论、学问、宗教自由毫无关心,也没有相关的知识储备,可谓是完全基于无知及臆测的近乎"诬告"的中伤。正因为如此,中国文化及孔子儒家哲学的推广与应用,非常必然地过滤掉了这位杰出的东方诽谤者的影响。

从思想的角度去追溯孟德斯鸠针对中国的诽谤,就能知道他受到了基督徒费内隆大主教的影响。因为心存这种基于基督教的偏见，所以他最大限度地去利用当时荷兰商人四处散布的中国相关诋毁。

传教士们将中国这个庞大帝国描述成恐怖、荣誉、德性相融合的让人叹为观止的政府……但我实在无法理解没有毒打就成不了事的人们何以能够谈论名誉。况且商人们根本无法对传教士们所说的德性相关问题做出回答，他们顶多能对官僚们的强盗行为略加描述。不仅如此，皇帝（雍正帝）对改宗王子们（康熙帝的三个儿子，雍正帝的兄弟）的裁判过程，充分体现了一贯的暴君行径与冷血的人性，以及源于此地对他人的肆意侮辱……传教士们与其说服百姓引发更大的变革，不如欺骗国王王者可以无所不为。[63]

荷兰商人们非常嫉妒从中国政府租借澳门后扎根的葡萄牙商人。他们从1642年开始为了垄断中西方之间的贸易而不断祈祷。但是到1685年，中国政府还是拒绝了他们的过分要求，使他们的努力彻底化为泡影。自那以后，荷兰商人们散布谣言，还出书污蔑中国人是"天生的无赖与骗子"。而孟德斯鸠又去引用了这些谣传与书籍上的内容。不仅如此，他还积极接纳了曾为北京清朝朝廷的外交使节，后来因外交失败而深感郁闷，进而诽谤中国的乔治·安森将军的否定性中国观。他还企图粉碎当时盛极一时的传教士们对中国的礼赞。

孟德斯鸠生活的那个年代，欧洲政局的残暴程度远胜中国。欧洲文明的精神圣典《圣经》里记载着只要是犹太人就格杀勿论的摩西种族灭绝历史。而欧洲文明的宗主国罗马帝国里盛行在圆形剧场杀人的击剑活动。法国司法部在孟德斯鸠过世2年后的1757年还宣布了将人撕成四块的残酷死刑。[64] 这种酷刑一直到20世纪还没完全消失。被革命、战争、帝国主义所笼罩的欧洲文明潜藏着可怕的残暴性，这种残暴日后酿成了不分东西方的世界性大屠杀与种族灭绝。

后来，伏尔泰非常有逻辑地指出了孟德斯鸠的《论法的精神》中有曲解的内容。他坚信皇帝并未对改宗的王子们实施宗教镇压，并赞美中国的宗教自由与法制。关于毒打，他列举了欧洲警察的棍棒，认为那是欧洲也同样存在的细枝末节，而贪官污吏问题则视作各个王朝末期一时存在的现象，提都未提。

由此可见，孟德斯鸠关于毒打的是非论，无非是将东方沦为"东方蛮夷"来排挤的唯欧洲独尊型傲慢与伪善而已。尽管如此，孟德斯鸠还是变本加厉地诽谤中国。他将拙劣的谣言加工成理论，论证中国人是"全世界最为邪恶的国民"。

崇尚礼仪的中国人居然是全世界最邪恶的国民，这真是让人感到不可思议的事情。在商业方面，中国人丝毫不具有诚信。中国商人有三杆秤，用来购货的沉称，用来售货的轻称，还有用来应付监督者的准秤，所以想要买货，还得随身携带一杆秤……中国的气候与土壤的性质使他们陷入危机与贫穷。这一切让中国人变得极其贪婪，而法律只是摆设，根本无法去遏制这一切。[65]

伏尔泰与魁奈正面反驳了这些话。首先，伏尔泰根本不相信荷兰商人散布的传言，那些传言大部分都不真实。就算有的属实，但那也只是生活在广东附近口岸的下等民的故事而已，相比广阔的中国领土而言，可以说是无伤大雅的小事。

魁奈指出欧洲的商人以不良商品扰乱市场的事例，他表示中国商人在国内交易的时候是按照孔子的教导严守诚信原则。他还反驳说，中国人只是在广东、厦门、宁波等三处口岸，对那些来自异国他乡，且即将离去的不可信的西方商人耍耍花样而已。他指责对中国国内市场一无所知，从未深入中国内部的西方商人，夸大其词地传递口岸内临时市场里的浅薄经验。

可见在无理诽谤中国的孟德斯鸠的文章里，随处可见自相矛盾之处。为了贯彻基本命题"中国的专制主义"与"大帝国的必然性专制"，他展开了自相矛盾的逻辑。孟德斯鸠的这种先验性根本命题，有可能是源自他面对已灭亡的古老帝国时所感受到的偏见。孟德斯鸠认为小国适用王道政治，而大帝国只适合专制政治。换句话说，欧洲的小王国要么老早就是自由国家，要么注定会成为自由国家。问题是，孟德斯鸠将这种"大国必然的专制性"仅仅适用于中国与其他东方国家，这显然是双重尺度。在其他文章里，他反而说就算国家非常庞大，不，应该说是就因为规模非常庞大，所以更要引进联邦分权制，这样才能建设"没有专制的大国"，很显然这种见解是自相矛盾的。

规模小的共和国容易被外部势力所歼灭，而规模大的共和国则会因为内部之恶而崩塌……所以，如果不能建设对外有力且对内便利的宪政体制即"联邦共和国"，那么只能一直忍受一个人的独裁。联邦共和国是一种协商体制，是多个小型国家自主成为大型国家的市民。可以说这是一种"多个小社会所属的大社会"。这种联合形式使希腊繁荣一时，而罗马人也依靠这种方式叱咤世界，很多国家都不得不要防着罗马……联邦共和国能够很好地抵御外部势力，因为以规模为前提，所以不会轻易出现内部堕落的现象。可见，这种社会形态能够完善任何缺陷。[66]

出版《论法的精神》4年之后，大卫·休谟将孟德斯鸠"旨在安保的联邦制"这一消极理论往前推了一步。他预感到美国的建国之后写了《完整的共和国理念》。在这篇文章里，他从国家的"庞大性"导出能够摆脱绝对权力与横行霸道的"自由空间"，从而使大国能够更加轻易地从专制主义解放出来，成为一个民主国家。

关于中国人口逐渐增多的问题，孟德斯鸠也发表了无厘头的见解。如果是专制体制，那么百姓就会对专制性暴力与恐怖政治感到生存危机，这会导致人们不愿意生育，其结果应该是人口变少。可中国人口却持续增长。为了解决这一矛盾，他想出了一个诡辩，就是"中国的气候与中国女性的高生育率"，他说"中国具有得天独厚的气候，能够促进人类生育能力"。他主张是这种气候战胜了暴政，并成就了史无前例的高生育率。与国民性相关的这种"气候决定论"，不仅使他的中国论逊色了许多，不严谨的逻辑还影响了《论法的精神》。连跟孟德斯鸠毕生有书信往来，在分权论、联邦大国民主主义论等诸多方面有着共识的休谟也正面否定了他的自然气候决定论。

孟德斯鸠始终执拗地诽谤中国，说中国是"没有分权、没有法制的皇帝一人的恐怖专政"，但还说过非常自相矛盾的话："秦朝与隋朝之所以被灭亡，是因为这两个朝代的君主跟以往朝代的君主不同，不满足于主权者的唯一技能即一般性监督，试图越过中间层事事亲政。"[67]这说明孟德斯鸠在无形中承认了中国古代王朝普遍遵守（除了短命的秦朝与隋朝）"无为之治"与"君子治国"这种君臣分权制。

第四章 有关东方世界的诽谤与礼赞并存之地——法国

同时,他还谈及中国皇帝的无为德治,说:"国王的权威就像巨大的泉眼,轻松且无声无息地流动着。中国人对以身作则地统领天下的一位皇帝(舜帝)充满了赞美之情。"他赞美中国皇家的以身作则是良风美德,说在专政君主制国家,这根本是不可能也不可行的事情。

中国相关报告提及皇帝在每年的农耕时节所举行的仪礼,通过这一隆重的官方活动,鼓舞百姓们去耕作……第5代王朝的第3位皇帝汉文帝甚至亲自耕种,包括皇后在内的宫女们则在宫里织锦。[68]

中国历史上的第5代王朝是汉朝,Ven-ti应该是指文帝。其实不仅汉朝如此,东亚的君主与皇后无一不是在皇家田地里亲手耕作祭祖先用的粮食,还养蚕织布,亲手缝制衣裳。孟德斯鸠显然并不清楚这一点。

他几乎不了解孔子儒家哲学与中国思想。他的庞大著作《论法的精神》中有很多与中国相关的内容,但关于孔子的内容却寥寥无几,不仅如此,大部分还都是毫无根据的内容。孟德斯鸠贬低了征服中国的历代蛮夷王朝被中国的古代文化逐渐同化进而消失的事实。他说这不是因为中国文化有多么高深,而是因为中国的立法者们弄混了宗教、法律、道德、礼节之后发生了混淆。他还由此导出在中国是不可能传教成功的。其实,基督教在中国之所以传教失败,是因为西方传教士们过于孤傲,排挤基督教以外的其他宗教,否定东亚的传统宗教自由。

孟德斯鸠对当时的欧洲知识阶层已经开始关注的中国心存妒忌,于是在谈及中国经济的时候也表现出绝不屈服于中国的姿态，并留下了意味深长的话。

杜赫德（Du Halde）神父说中国的国内商业规模比全欧洲的商业规模还要大，我们的对外商业如果不去增加区域内商业规模的话大概就会如此吧。但既然法国、英国、荷兰在引领欧洲的几乎所有航海与商业，那定然也在引领着世界其他三大部分①的商业与航海。⁶⁹

这段话的意思是说，虽然目前中国的国内贸易相比欧洲的国内贸易规模要大，但法国、英国、荷兰引领的世界贸易很快就会扩大欧洲的区域内贸易，并最终会超越中国。孟德斯鸠的洞察力是出色的。但这等于变相认可了中国国内商业规模超过欧洲区域内商业规模的事实，这一点跟他曾经视中国为贫穷国家的中国观是相冲突的。因为，当时给孟德斯鸠带来影响的重商主义者们认为，商业发达等同于繁荣。

当欧洲知识阶层开始关注中国，拥有欧洲中心主义思维模式的孟德斯鸠心生嫉妒，于是就像费内隆一样，纯粹为了恶意中伤中国而在《论法的精神》中用很大篇幅去谈论中国。但是，他对中国的这种长篇大论的诽谤，无疑证明了当时欧洲人对中国的极度狂热，进而导致了伏尔泰、魁奈以及无数重农主义者和喜欢中国的人们对他的激烈抨击。

---

① 指亚洲、非洲、美洲。

中国歌颂者伏尔泰
批判孟德斯鸠

有一个国家早在我们以野蛮人的样子出现的2000年之前，就已拥有最纯正的宗教，并阐明何为道德。那个国家的人们跟时时有变动的我们不同，常年保持着一贯的道德与习惯。不可思议的是，我们竟然在嘲笑他们。[70]

18世纪欧洲启蒙思想的代表人物伏尔泰做了如此深刻的自我批评，之所以会如此，是因为他早已获得了正确、丰富的中国相关信息。他的这种观点基于当时基督教传教士们正确且有良心的报告，这跟新教传教士们一贯的诽谤东方的立场是截然不同的。

随着伏尔泰的出现，法国开始蔓延"文化相对主义"，而这又恰好成为推动法国文化改革开放的动力。1688年，路易十四为了争夺被葡萄牙垄断的中国传教权，进而削弱梵蒂冈对中国的影响力，允许包括白晋（J.Bouvet）在内的耶稣会传教团成立，知性相对主义传统也随之变得更加根深蒂固。白晋与其同伴们为了正当化自己的传教事业，更加积极地鼓动欧洲人对中国的关注。法国独有的这种文化开放性与亲华思潮，一直到中国政体论与"纸老虎理论"满天飞的19世纪持续发挥了影响。

崇尚中国文化与孔子的大学者伏尔泰，在中国观方面总是与孟德斯鸠发生冲突。孟德斯鸠诽谤17、18世纪的中国是除了国内商业发展，无论是在文化还是在政治方面均无可借鉴之处的贫穷专制国家。而伏尔泰则认为1740—1750年代的欧洲尽管在科学与技术领域优于中国，但在文化、道德、政治方面远远不如中国。而且，中国拥有得天独厚的自然环境，所以民富国强。

这个国家深受大自然的恩典，拥有种类繁多的粮食、稻谷、各种水果和豆类，以及种种织物。尤其是能够吐出绢丝的珍贵昆虫是中国的土特产。这种布料弥足珍贵，在查士丁尼皇帝时代（527—565）在欧洲以按重量卖出金价。中国人很久以前就能用水煮的竹纤维加工高品质白色纸张，而后来被欧洲人成功效仿的釉药与陶瓷发明年代太过久远，已无从得知。他们的玻璃工艺虽然没有欧洲完美，但早在2000年前就已掌握了相关技术。[71]

由此可见伏尔泰根本不知蚕或蚕蛹的名称，于是称其为"昆虫"；又因不清楚纸张的主原料楮树，于是称其为"竹子"。

伏尔泰对东亚的实用科学和技术水平更是所知甚少。就像前面提及的，伏尔泰对航海用罗盘与大炮制造方法一无所知。同样，他对东亚的活字印刷术与高丽的金属活字，以及出色的天文学水

第四章　有关东方世界的诽谤与礼赞并存之地——法国

平也一样不清不楚。不仅如此,他对中国发明航海用罗盘,郑和用近30年时间(1405—1433)7次航海,往西经过东南亚与印度洋一直到达非洲的加纳,并继续往西发现美洲大陆的事情一无所知。

尽管如此,伏尔泰比谁都正确理解了中国的文化、道德、政治,以及孔子的政治哲学,并为那份崇高所深深折服。他高度评价了欧洲的科学与技术领域,但在文化、道德、政治方面则高度评价了中国。由此可见,他为了向走两个极端的诽谤派与赞美派阐释客观的中国观而付出了不少努力。

上个世纪我们不太了解中国。沃西斯非常夸张地赞美中国,而他和执行阶层的对立派勒诺多则轻蔑甚至诽谤中国人,可见两者均失去了应有的客观。①72

这是伏尔泰在《风俗论》中提过的内容,旨在以中立的立场客观、公正地阐述中国。正因为心里有了如此刻板的尺度,所以伏尔泰在不知不觉间低估了中国的科学与产业技术。

中国人虽然善于发明,但没能超越几何学的基本原理;他们甚至不会半音乐理;他们的天文学跟其他所有科学一样非常老旧且不完整,这确实是让人感到震惊的事情……他们的进步停留在能够满足幸福人生的程度上。而我们虽然发明速度缓慢,但在制

---

① 沃西斯是于1660年出版的《关于真正的世界悠久性》的作者,在这本书里,他主张中国历史一直可追溯到公元前2900年,从而挑战了《圣经》的编年史。勒诺多是《东方祭礼收录》的作者,他否定了利玛窦对中国祭礼的解释,该书于1715年在巴黎出版。

作领域既快又完整。[73]

伏尔泰认为中国的学问与技术之所以落后，是因为文化复古主义盛行和中文的学习与应用太过艰难。

那么多技术与学问在中国得以持续开发，但没能取得相应的进步，原因有二，其一是因为他们过于注重传承（只要是悠久的都要追求完美），其次是因为知识拓展必不可少的语言。中文里的每一个词汇都需要用不同汉字去标记，以至于汉字掌握数量最多的人被誉为最博学之人。有些中国人甚至把毕生精力都耗在学问上，可耗到老也未必能掌握所有汉字。[74]

当时，莱布尼茨与亚当·斯密评价说中国的学问与技术优于欧洲。相比之下，伏尔泰的观点仿佛是在寻找"根本不存在的事实"发生的缘由。而且，在近代前期，复古主义是包括欧洲在内的所有文明圈共存的现象，并非是唯有中国才有的。另外，中文虽然是表意文字，但也没有比背英语单词和拼写难多少，"所有词汇都要用不同汉字标记"的中文和"所有单词都有不同拼写法"的英语没什么两样。

将特定文明没落的原因归之于复古主义和语言学习难度，而不是归之于自满与闭锁导致的文明交织失败，不知能有多少说服力。后来中国将繁体汉字改为简体，但改革开放以前的40年间中国进步缓慢。改革开放以后，中国以惊人的速度向前发展。这也很好地反证了上述观点。

总而言之，伏尔泰相比中国科学技术更加关注文化、道德、政治哲学。他在《哲学辞典》里这样说道：

既是蹩脚的自然学家，同时也是卓越的道德论者，这绝对是可能的。中国人之所以能向着完美迈进，实际上就根源于他们的道德、政治经济学、农业以及必需的生活方式……在这一方面，我们应做他们的徒弟。[75]

面对孟德斯鸠所提出的中国专制主义的命题与法治缺失论，伏尔泰却对中国人的高尚道德与法治主义提出了赞扬。"中国人最了解、研究得最深刻，并推向极致完美的学科，就是道德与法学。子女对父母的孝顺与恭敬是中国统治的基础。如果没有征得周围所有人的同意，子女便不能对父亲提起诉讼。学识渊博的高级官员被视为城市与地方的父母，皇帝则被视为帝国的共同父亲。这种观念深深地根植于他们的内心之中，使整个庞大的共同体成为一个大的家庭。"孔孟儒家的"家族——国家"的推断有别于柏拉图的"灵魂——国家"的推断。在这里，伏尔泰肯定了孔孟儒家的推断作为道德与法律基础的作用，并给予好评。

伏尔泰对中国礼仪的介绍甚至涉及了日常的交通道德方面，并把它与欧洲不道德的生活进行了对比。他高度赞赏了中国法治主义的独特特点，因为它不仅会处罚罪行，还会积极褒奖德行。"在其他国家法律会处罚犯罪行为，而在中国法律发挥着更多的作用，在这里，法律还会褒奖德行。"为了正面反驳孟德斯鸠的中国专制国家论，伏尔泰还详细地论证了清朝的法治主义。

在这个政府里，所有的成员都是经过严格的考试选拔出来的，他们之间相互隶属，构成一个庞大的政府体系，所有事情都要靠这个政府来处理，我们难以想象，还会有比当今更加优秀的政府……最高层级的各官府下辖北京四十四个官府，在这样的行政体系下，皇帝无法任意行使权力。普通的法律虽出自皇帝之手，但他必须首先向一些人提出咨询，否则任何事情都无法实现，而他所咨询的这些人是经过投票选拔出来的，并按照统治的宪政制度受到了法律方面的训练。虽然皇帝要跪拜神，但所有人都要跪在皇帝的前面，任何人只要对皇帝稍有失礼，就会依法以亵渎神灵罪论处，但这绝不是专制和任意统治的证据……如果今天有一个国家能遵照法律保护人们的生命、名誉、福利，那么这个国家必然是中华帝国。[76]

孟德斯鸠诽谤中国的体制是"轻视人性命的专制体制"，伏尔泰与此针锋相对，他对中国富有人性的法治主义提出了赞扬，并一贯坚持着这种立场。他甚至还主张，罗马红衣主教比中国皇帝更加专制，而中国比欧洲更倾向于法治主义，所以欧洲向中国传教绝对是一种失策。总之，伏尔泰基于更加丰富的信息正面反驳了孟德斯鸠的中国专制体制论。

对于中国法律的效率，伏尔泰十分赞赏。他认为中国的法律褒奖道德，保护了人民的福利与财产。伏尔泰还非常欣赏中国的宗教，认为它摆脱了狭隘、迷信的桎梏，是富有人性且纯粹的。伏尔泰从心底里信奉文化相对主义，强烈谴责本国同胞所表现出的以欧洲为中心的傲慢。伏尔泰的这种观点得益于当时天主教的传教士所做的准确、有良心的报告。19世纪中期一位名叫古伯察（本名埃瓦里斯特·雷吉斯·于克）的天主教传教士一直在中国各地旅行，他对中国的看法非常积极、温和，与包括英国新教在内的新教传教士所持有的抗拒、消极的中国观截然相反。古伯察辩称，儒生阶层在中国拥有巨大的影响力，而农村又存在着一种权限委任制度，即由村民选举该地区村长的制度，中国的皇权受这两点制约而有所缓和，即中国的皇权虽然是绝对的，但并不是独裁的。他阐释道，虽然当时欧洲诸国都主张本国已经实现了自由宪政，但这些国家的子民所享有的自由却并不比中国的百姓多，中国的百姓拥有更大的自由。中国一直都支持、尊重百花齐放的多样性与差异化，中国的老百姓对新思想、新信念持有一种开放的态度，并且中国曾频繁地发生各种革命、政变、叛乱，这一点甚至让欧洲的革命家羡慕不已。[77]直到19世纪中期，在法国人的心目中中国还是这样值得好评的国家，并且赢得了他们的共鸣，所以18世纪时，伏尔泰这种革命性的亲华思想也就不难理解了。

伏尔泰
将生死置之度外的思想斗争

伏尔泰十分崇拜孔子,甚至不肯把孔子与希腊哲学家并列引用。他在《风俗论》的导论里便提到了孔子,说有一个时代,人们曾经归纳、传播孔子的教导,奉行孔子的法则,那是"有史以来全世界最幸福、最可敬的时代"。对于孔子儒家哲学,伏尔泰曾经这么阐述:

孔子在书[①]中开头便说:注定要成为"治者"的人,"如同擦拭蒙尘的镜子一般锤炼理性,以求得上天的保证,更新自我,率

---

① 引自《大学》,"大学之道,在明明德,在亲民,在止于至善"。

先垂范，更新子民"①。他不是先知，他不自称得到神的启示……他只是作为贤者立言，因此中国人只把他视为圣人。他的道德纯粹、严格，同时合乎人情。他不说"己所不欲，勿施于人"，而说"己欲立而立人，己欲达而达人"。他提倡不念旧恶，不忘善行，友爱，谦恭。他的弟子们彼此亲如手足，世界上曾有过最幸福、最可敬的时代，就是奉行孔子的律法的时代。[78]

孔子远离宗教的形象与基督教的先知形成了鲜明的对比，孔子关于"仁"的道德哲学、四海之内皆兄弟的人道主义深深吸引了伏尔泰。在此，我们暂且了解一下孔子本来的思想。孔子把"仁"定义为"爱人"[79]，并且把"仁"分成消极的"仁"与积极的"仁"。所谓消极的"仁"就是指"己所不欲，勿施于人"，即不让别人去做自己不愿意做的事情，而所谓积极的"仁"就是"己欲立而立人，己欲达而达人"，即如果自己想站起来，就先把别人扶起来；如果自己想成功，就先让别人成功，这就是爱民、泛爱、博爱的精神。在前面的引文中，伏尔泰把《新约圣经》里面"What you do not wish to have done to you, or what you do wish to have done to you, do not do to others, or do not deny to others"（你不希望别人对你做的，你就不要对别人去做，你希望别人为你做的，你就不要拒绝为别人去做）的这句话翻译成了"己所不欲，勿施于人"，并把它与孔子的"己欲立而立人，己欲达而达人"相对比，以暗示孔子的教导超越了基督教消极、狭隘的爱，

---

① 《马太福音》第7章第12节、《路加福音》第6章第31节，韩语版《圣经》将相应句子翻译为"你们愿意人怎样待你们，你们也要怎样待人"，显然这是不正确的，因为它把消极的语言译成了积极的。

因此更加伟大。

伏尔泰崇敬孔子，尤其被他远离基督教式的启示与预言的非宗教面貌所感染。他认为，把崇拜孔子思想的中国视为传教对象是一个巨大的失策，他引领了欧洲文化、思想、政治的改革开放，倡导了一场反基督教的革命，伏尔泰因此成为法国政权镇压的对象，虽然他的流亡不断延期，但在他的故国与整个欧洲，伏尔泰的声望却如日中天。在《哲学辞典》里，伏尔泰把孔子思想的意义归纳为了反基督教。

孔子从未教导人们相信任何新宗教，也从未应用过任何宗教式的欺骗。他从未对他所侍奉的皇帝阿谀奉承，也没有提到过皇帝……我全神贯注地读孔子的这些著作，我从中吸取了精华，除了最纯洁的道德之外，并且没有些许的假充内行式的蒙骗的味道……只有一个中国人选择了否定孔子，而他遭到了人们普遍的诅咒。[80]

伏尔泰所说的这位否定孔子的中国人便是秦始皇。为了禁止学者批评政治，秦始皇做出了"焚书坑儒"的举措，即焚毁四书六经，活埋儒生。伏尔泰似乎对当时介绍到欧洲的孔子译著均有涉猎，并且做了深入的研究。

接下来伏尔泰又再次改变讨论的方向，罗列了一系列的申辩逻辑，以应对基督教徒把孔子与中国人污蔑为不信神者的谴责。

孔子的家族现仍存在。在一个除现职贵族外没有其他贵族的国家，这个家族因孔子之尊而有别于其他家族，备享殊荣。至于孔子本人，他享有一切荣誉——不是神的荣誉（神的荣誉谁也无法享有），而是一个由于在神明的问题上，提出了人类理性所能形成的最圣洁的看法而受之无愧的荣誉。因此，李明神父和一些别的传教士曾写道："当其他民族还在崇拜偶像时，中国人便认识了真正的上帝，并在世界上最古老的天坛祭祀上帝。"[81]

李明等耶稣会神父遵循利玛窦适应主义的原则，并认为孔子与中国人是有神论者，对于这些主张，伏尔泰是积极支持的。伏尔泰认为，基督教的有神论已经深陷狭隘与武断的泥淖，而中国平时的无神论、间或地有神论是更加理想的。伏尔泰还猛烈地批判了西方人的偏见，因为他们试图按照西欧的标准贬低中国的风俗习惯，武断地认为中国人是不信神者。

中国政府经常说：冥冥上苍，万民之父，赏罚公正，祈祷必受天佑，为恶定遭天谴。这样的政府，谁都不敢把它看作是不信神者。[82]

伏尔泰甚至还说，中国的宗教没有被奇怪的寓言和血腥的宗教战争玷污，这一点比西方宗教更优越。对于那些诽谤中国人为无神论者的人，伏尔泰还揭露了他们观点之中的不连贯性与偏见，以及将欧洲宗派矛盾带到中国去的丑恶内幕。

在非难这个大帝国的政府为无神论者的同时，我们又轻率地说他们崇拜偶像，这种指责是自相矛盾的。这是一种否定自我的过失转嫁……我们甚至把我们偏见与斗争精神带到了远东地区……从每个地方我们都能看得出，（传教士）被赶出中国是我们自己的分裂与纷乱所导致的。[83]

伏尔泰纵览了包括东亚在内的欧亚大陆的宗教自由情况，呼吁人们要tolerance，即宽容。他与比埃尔·培尔（P. Bayle）一道，发展了孔子的仁义哲学，并根据东亚的宗教自由理念进一步发展了宽容的概念。他们通过激烈的思想斗争，将东亚宗教自由和宽容精神扩散到了整个欧洲。所以说，今天像"humanite"（人类之爱）、"charite"（慈悲）等概念都源自中国，甚至就连西方世界引以为傲的、重要的普遍原则——宽容也都是产自中国的概念。

伏尔泰呼吁欧洲停止对其他宗派、其他宗教的镇压政策，认为欧洲即便做不到像东亚那样普遍，也要给予一定程度的宽容。不仅如此，他还提出了欧洲文化、思想、政治上的改革开放，倡导反基督教革命，这是一种把生死置之度外的先驱性举动，是一场伟大的思想斗争。

驱逐传教士的来龙去脉

在宗教压迫下呻吟的欧洲人深陷于宗派矛盾之中,不仅如此,欧洲人还平地起波澜,一场关于中国人有神论、无神论的争辩也甚嚣尘上,这是对中国人数千年以来所享受的宗教自由的一种挑衅。但是这场平地风波不仅仅是一场口舌之争,更引发了一场宗教惨祸——传教士被驱逐出中国,导致了整个东亚地区传教活动的失败。

"他们万里迢迢来到世界上疆域最广、文化最高的帝国,散布不合理的东西,制造混乱,岂不是胡闹吗?"

伏尔泰认为,中国是一个自由道德的国家,欧洲人向中国传教是自不量力,欧洲人竟然敢向中国人传教?真是笑话。在东亚,享受宗教自由就像是日常生活般普通,以儒释道为首的各种宗教与无数的宗派在中国和平共存，并没有什么对立与矛盾。伏尔泰呼吁欧洲也应该允许宗教自由，反对各个基督教宗派向东亚派遣传教士，因为这些宗派在东亚只会引发各种流血冲突。下文的内容引自伏尔泰在《哲学词典》中的论述，由此我们可以清楚地明白伏尔泰对这件事情的来龙去脉了解得多么准确了。

耶稣会教士曾经获得中国康熙皇帝的许可，允许他们在中国传教，他们便利用这个来使一小部分由他们指挥的人民相信，除开那位在人间代表上帝，住在意大利一条名叫台伯的小河河畔的人（即教皇）之外，不可以侍奉其他的主宰，要他们相信一切其他的宗教见解、宗教信仰在上帝眼里都是可憎恶的，而且上帝永远要惩罚任何不信耶稣会传教士的人。

因为中文里没有R的发音，所以中国人不能说出耶稣的名字——"Christ"，所以耶稣会传教士们便要他们的信民们相信，耶稣会教士的恩人康熙皇帝将因此永远受到诅咒，康熙的儿子雍正皇帝也要受罚永刑不赦；要他们相信汉人和满人的祖先和后裔，以及地球上其余一切的人都要受罚永刑；还要他们相信，耶稣会神父对于这么多灵魂受罚抱着真正慈父般的怜悯心情，他们真可以说是伪善至极。

他们也终于说服了三位满洲血统的亲王，可是这时候康熙皇帝于1722年晏驾，他传位给四皇子雍正。这位雍正皇帝，以其朝政公正廉明，爱惜庶民，而又驱逐了耶稣会传教士闻名于世。传教士首先给三位亲王和他们家里许多人士做了洗礼，这些新信徒不幸在有关兵役问题方面违背了皇帝的旨意。正当这个时候全国人民爆发了反对传教士的怒火，各省巡抚、朝中元老都纷纷上奏折告他们的状，对于他们的指控如此严重，以致人们就把耶稣会传教士的门徒三位亲王都关起来了。

第四章 有关东方世界的诽谤与礼赞并存之地——法国

对此，孟德斯鸠怀疑这是一起"针对改变宗教信仰的亲王进行的宗教镇压事件"，而伏尔泰有理有据地对此提出了反驳："显然并非是因为他们受了洗才对待他们这么严厉，因为耶稣会教士在他们的通信里自己也承认，他们并没有因为这三位亲王受到什么粗暴待遇，他们不仅被允许觐见皇上，还收到了皇上赐给他们的几件礼物，这一切足以证明雍正皇帝绝不是迫害人的人。让亲王们改变宗教信仰的神父们并没有被抓起来，而且，三位亲王被监禁在靠近满洲的一所监狱里，这就无可置疑地证明，被监禁的三位亲王是国事犯而非殉教者。"

自那以后，皇帝开始倾听百姓的诉求，人们要求遣返耶稣会传教士，中国各地的官府衙门一致要求把他们遣送到澳门去，因为当时澳门是葡萄牙管辖的地区。雍正皇帝还好心地征询了各省衙门和巡抚的意见，想要了解一下，把耶稣会传教士送往广东省去是否有风险。在等候各地回奏的时候，他又亲自当面召见了三位耶稣会传教士，对他们说了以下这些话，帕尔南神父老老实实地把这些话记录了下来。

"你们这些欧洲人在福建省有意破坏我们的法律，在民间制造混乱，各地衙门都在寡人①这里检举告发你们这些欧洲人，这些乱子寡人不得不整治，事关帝国利益……要是寡人派遣一群和尚和喇嘛到你们国里去宣扬他们的法，你们又怎么说呢？你们又怎么接待他们呢……虽然你们欺骗了寡人的父皇，但休想再欺骗寡人……你们想要中国人做基督教徒，你们的法律这样要求寡人很清楚，但我们又成了什么人呢？成了你们那些国王的臣子。你们基督徒只相信自己，在时局混乱的时候，他们也只听从自己的

---

① 天子的自称。

声音。寡人知道现在倒是没有什么可担心的,但是,当军舰成千上万开来的时候就会出乱子了,中国北边和俄国接壤,俄国是不可以掉以轻心的。南边①又与欧洲人和他们的那些王国为邻,他们为数更众了。在西陲又有鞑靼王子们跟我们打了八年的仗……寡人准许你们也在北京和广东居留,只要你们不惹是生非招致民怨就好了。倘若你们引起民怨,寡人就不准你们在这里和广东居留了。"⁸⁴

对这些神父最大的指责,就是他们削弱了孩子们对父辈的尊敬,不敬奉祖先;在他们叫作教堂的大庭广众之下,把青年男女胡乱聚在一起;叫姑娘们跪在他们的面前,就在这样的姿势中对他们低声细语。对于温文尔雅的中国人来说,再没有比这种情形更惹人讨厌了。雍正皇帝甚至不顾威严,以极低的姿态把这里情况预先告知耶稣会传教士们,随后皇上就把大部分传教士送到澳门去了,但是对待他们还是礼遇有加,关怀备至,也就中国人才能做得到这样。

皇上把几位耶稣会教士数学家留在北京,其中就有我们已经谈到过的帕尔南神父。帕尔南神父精通满汉语言,常常供职译事。有好些耶稣会传教士隐匿在边远的省份,有的仍旧留在广东,地方官睁一只眼闭一只眼,装作没有看见。

雍正皇帝晏驾,他的皇子和继位人乾隆终于把能够找到的那些潜伏起来的传教士统统都遣往澳门,满足了全中国老百姓的愿望。有一道圣谕永远禁止他们再进来。倘若有什么传教士回来,人们便客客气气请他们到旁的地方发挥才能去,既毫不苛待,也

---

① 应该是西边,但似乎是由于当时欧洲的船只是从南边来的,所以雍正帝才会这么说。

毫不迫害。1760年曾经有一位耶稣会传教士从罗马到了广东，被一个荷兰邮递员告发了，广东巡抚就馈赠传教士一匹绸缎、食品和银两，把他打发走了。

伏尔泰详细地记录了这些原委，揭露了传教士对皇帝背信弃义的欺骗行为。"传教士恶意利用了中国的自由与好意。他们不承认其他宗教与信念，否定了中国宗教、思想、学术、政治的自由。他们强制地开展了一些与中国的优良文化传统相冲突的宗教活动，以及一些不合民意的传教活动。"

当时被派往中国的西方各宗派的传教士总是强迫中国的民众相信自己的宗派，他们相互争斗，彼此诽谤、排挤。他们把供奉死者牌位的行为视为偶像崇拜，并四处煽动信徒烧毁这些牌位，引发了各种叛乱与纠纷。关于这一点，伏尔泰通过当时一位名叫微席叶的传教士的记录来进行印证，而他曾经觐见过中国的皇帝："寡人知道你们的宗教不能容忍异己，寡人知道你们在马尼拉和日本的所作所为，你们虽然欺骗了我的父亲，但不要指望再欺骗寡人。"

伏尔泰曾反问道："有些欧洲物理学家借口向朝臣们展示温度计和气转球，曾煽动王族一名成员造反，难道他能留住这样的物理学家吗？这位皇帝如果读过我们的历史，如果他了解我们的天主教同盟时期的情况和炸药阴谋，他会怎么说呢？"伏尔泰接着说：

从天涯海角派到中华大地来的耶稣会修士、多明我会修士、嘉布遣会修士、教区神父，他们彼此争吵不休，雍正皇帝当然早有所闻：他们是来传播真理的，可是彼此之间却互相诅咒。因此，雍正皇帝只不过是打发走一些外国骚乱分子，而且是多么仁至义尽地把他们送走的！为了他们起程上路，并且防止路上有人辱骂他们，他又多么关怀备至啊！把他们驱逐这件事本身就是宽容仁慈的例证。[85]

经过分析，伏尔泰认为日本的情况也差不多，他说"日本人是人类当中最为宽容的"。然后，他又用西方人所撰写的各种著作来支撑这个观点。在耶稣会修士抵达日本之前，日本拥有十二种宗教，"但是耶稣会修士很快便容不得其他宗教了，其后果可想而知：一场内战和天主教同盟煽动的内战同样可怖，使这个国家横遭蹂躏，基督教最后也淹没在血泊之中。日本人向世界关闭了国门，把我们看作是洪水猛兽，犹如英国人从他们岛上驱逐野兽一样。"所以，即便后来法国深感应与日本人进行交流，力图与他们的帝国建立贸易往来，但是毫无结果，日本人坚定不移地拒绝了他们。

与东亚不同，在18世纪末以前，欧洲人梦里也不敢去想"宗教自由"，即信仰或不信仰任何宗教或神的自由。甚至就连当时号称欧洲最自由的英国，也曾经把休谟当成无神论者，并曾阴谋要处罚他。当然，所有的良心、思想、学术、出版的自由就更不存在了。伏尔泰饱受思想审查之苦，一辈子都在流亡，漂泊于欧洲各国。至于他的同龄人魁奈，1767年曾为了躲避审查，甚至决心在北京出版他的著作《重农主义》。所以，在伏尔泰的眼里，"中国的自由体制"与"欧洲的压制体制"之间巨大的文明落差就再明显不过了。

席卷欧洲剧院的《中国孤儿》

很久以前，在中国的一个地方生活着姓赵的一家名门望族，有一个人对赵氏一族心怀怨恨，屡次想要谋害赵氏的族长。他曾经养了几条凶恶的獒犬，看见赵氏便放开锁链让它们去撕咬赵氏，谋害手段诸如此类，不一而足，但这些计划最终都失败了。最后一次，他假传圣旨，让赵氏自杀，忠心耿耿的赵氏对此完全没有怀疑，就服从了这一命令，拿起剑自刎了。这个人最后把赵氏满门抄斩，族中三百多人，唯有一个孩子幸免于难，因为有个人曾经受过赵氏的恩惠，她偷偷地把这个孩子抱了出来，藏到了自己的卧室里。但是执行抄斩的人之中有一个察觉到少了一个孩子，便下令杀死这个地方所有的孩子。她最终把自己的孩子交了出去，保全了赵氏孤儿的性命。赵氏孤儿活了下来，后来便展开了一场浩大的申冤行动。

以上便是14世纪时元朝纪君祥的作品《赵氏孤儿》的故事梗概。在这部作品里,纪君祥把司马迁《史记》里所载的春秋时代晋国屠岸贾的故事进行了戏剧化处理。对于这部作品,伏尔泰称赞说:"与14世纪时欧洲作家所创作的作品相比,简直是一部杰作。"[86] 1755年伏尔泰把这部作品改编成了一部名为《中国孤儿》的戏剧,并把背景改为了元朝,迫害者改成了蒙古族,着意对比鞑靼族与中国的道德。这部戏剧的内容是中国百姓的文明战胜了成吉思汗好战的野蛮,强调了中国的风俗,即道德与文化,并使之符合欧洲的品位。伏尔泰说:"我抓住了成吉思汗那个伟大的时代,想描写鞑靼人和中国人的风俗。最有趣的故事,如果不描绘风俗,也是等于零的;而这种风俗的描绘,虽是艺术的最大秘诀之一,如果不引起人们的道德感,也还只是一种无谓的消遣。"[87]

《中国孤儿》诞生以后,在18世纪的文艺界取得了巨大的成功。自这部戏剧首次在巴黎公开演出以来,曾登上过无数的舞台。在这部戏剧的序言里,伏尔泰表示,他把"胸怀"而不是理性视为生活与行动的指南,这句话表明,伏尔泰已经从一位笛卡儿式的理性主义者,转变为一名重视情感的英国、中国式经验主义者。

当时,卢梭听说曾经由学者所统治的中国,因无力抵挡北方鞑靼的侵略而灭亡之后,便认为中国的学术也是软弱无力的,卢梭曾经论述过"学术与艺术对道德的破坏"的命题,而《中国孤儿》便是伏尔泰对卢梭的回答。在这部作品的序言里,伏尔泰加上了他写给卢梭的一封信,他说"先生,我收到了您的反人类的新著",也鲜明地体现出伏尔泰的这种意图。对此,卢梭劝伏尔泰要他注意那些愚蠢的人对自己的批判。虽然，对于伏尔泰的批判卢梭似乎很不以为然，所以给予了和颜悦色的回答，但至少他是理解伏尔泰的攻讦的。

当时伏尔泰的目的并不在于民众的"理性"，而在于他们的"胸怀"，所以他希望通过戏剧《中国孤儿》来宣传优秀的中国文化，与鞑靼形成鲜明的对比。在戏剧的序言里，伏尔泰提出了一个与卢梭针锋相对的观点，因为卢梭误以为中国的道德是低下的。伏尔泰指出，所有征服了中国的异族蛮夷最后都被中国文化降伏了，而告诉大家这一点正是该戏剧的目的所在。

鞑靼的胜利者不改变战败民族的风俗；他们保护着在中国建立起来的一切艺术；他们接受着它的一切法规。这是一个伟大的实例，说明理性与天才对盲目、野蛮的暴力所具有的优越性。而鞑靼已经两次提供这个例证了，因为，当他们上世纪初又征服了这个庞大的帝国的时候，他们再度降服于战败者的文德之下；两国人民只构成了一个民族，由世界上最古的法制治理着。[88]

文中所指的鞑靼的两次入侵是指蒙古族的元朝与女真族的后金（后来满族的清朝）。自古以来，中国与夷狄之间通过持续的文明影响与交流不断拼缀（patchwork），对于这些历史，伏尔泰似乎并不清楚。

伏尔泰所引发的对中国道德与孔子的学习热潮让整个法国为之沸腾，甚至扩散到了整个欧洲。伏尔泰比任何人都清楚地表达了自己的孔子儒家哲学式的观点，认为中国的政治体制非常合理，中国的道德哲学十分优秀。他还把这个观点作为当时全面攻击法国政治与宗教的武器。他把关注点放在中国的自由、道德、宽容、政治、哲学等方面，超越基督教的壁垒，构思出了一些人类的普遍史的概念。从这一点来说，伏尔泰可以说是第一位尝试阐述普遍世界史的人物。在这种世界史里，他不仅把本国的文化囊括其中，更把遥远的文明圈的文化也纳入其中。[89]

名著《中国与欧洲》的作者利奇温（A. Reichwein）曾经恰当地总结了伏尔泰的中国论，他说：

孟德斯鸠跟卢梭一样，也曾试图把中国放到自己的理论框架里，使之与自己的理论相契合。既然他是从这个基础出发的，所以他也与卢梭一样，完全无法渗透到东方真正的精神里去。与此相反，伏尔泰是一位历史学家，他的视野是辽阔的，他没有被局限任何一个体系之中，也不会受到妨碍。他不是怀揣着某种要求而去接近某个事实，而是把自己的精神完全沉浸到事实里面去。[90]

在他的革命性批判战略里，伏尔泰利用了对中国真实客观与实在的描述，这一战略广泛地散播到启蒙哲学家之间，并日益精巧。尤其是让那些在法国参加了《百科全书》的编撰与刊行的启蒙思想家集团——百科全书派的年轻哲学家们，变得更加东方主义、唯物主义，更加激进，并且得以脱离基督教与希腊的束缚。

最初孔子的思想主要依赖于传教士的介绍与阐释，这时孔子思想也主要为天主教宗教系统与笛卡儿主义的理性主义者所接受。他们经常会从欧洲的视角出发，根据自己的需要来重新阐释孔子，歪曲、曲解孔子的思想。初期，耶稣会的神父们把中国的皇帝与官员阐释为"通过理性的自然力量，树立起对神的信仰的哲人统治者"，这就让孔子儒家哲学所特有的经验论与德性主义无声无息地消失,把孔子思想曲解为了理性万能的知性主义。

柏拉图与亚里士多德的知性主义在希腊主义时代演变成了新柏拉图主义,接下来又演变成了奥古斯丁(Augustinus)与阿奎那(T.Aquinas)的教父哲学,后来又被笛卡儿与莱布尼茨教条的理性主义以及卢梭与康德折中的理性主义所继承。由此看来,最早欧洲对中国的阐释既然是由传教士与理性主义者进行的,那么,把孔子思想向着知性主义的方向曲解,似乎是不可避免的。

随着时间的流逝,欧洲人创造出了自己的拼缀(patchwork)思想。当时,法国的知识分子以孔子儒家哲学为武器,猛烈地批判基督教的蒙昧,把希腊哲学、经院哲学边缘化,贯彻了自然神论与无神论的哲学思潮,使法国与欧洲的精神得以开化。所以,虽然在18世纪末以前欧洲人还继续着女巫审判的活动,但他们"神灵附体"的日常生活却日益世俗化,欧洲精神也逐渐脱离宗教,脱离希腊。总之,如果说法国是18世纪欧洲精神的中心,那么东亚便是18世纪法国精神的源泉。

顺应亲华潮流的卢梭

卢梭与伏尔泰一道引领了法国启蒙主义的浪潮，但卢梭并不像伏尔泰那般热衷于中国，也不像魁奈那样对中国那么了解。但同时，卢梭也并不像普通人经常误解的那样只是一味地批判中国。卢梭认为，理想的人应该回归到自然中去，即做"高贵的野蛮人"（Noble Savage）。卢梭从这个独特的视角出发批判了西欧文明，同时简单地顺应了当时的中国学热潮。

18世纪中期，法国人对中国的热衷达到了巅峰，这在弗里德里希·冯·格林（Friedrich von Grimm）下面这段话中有很好的体现，虽然他的话语里充满揶揄，却悖论性地体现了中国的热潮。冯·格林是法国著名作家，他发行了《文艺通信》，向整个欧洲的诸侯与贵族们报告巴黎的文化动向。

第四章 有关东方世界的诽谤与礼赞并存之地——法国

中华帝国已经成为现在人们特别关注与研究的对象。始作俑者是传教士,他们从遥远的地方传来了玫瑰色的报告,迷惑了舆论。而这个地方太过渺远,以至于想要反驳这谎言都无从下手。于是哲学家们也纷纷拜倒在中国的脚下,从这个国家获取各种有益的东西,用以抨击、清除他们在本国所观察到的各种弊病。[91]

格林讽刺说,当时人们对中国的过度崇拜也是一种低级趣味。崇拜中国已成为当时社会的主流气氛,对此,卢梭并没有像格林这般排斥,他选择了顺应。

卢梭的中国观并不是确定的,而是很明显地表现出一种摇摆不定的特点。卢梭本人所提出了包括"回归自然""高贵的野蛮人""自然状态""家庭""国家"等在内的核心概念,这些概念在反文明的原始主义与重农主义的自然法则论之间没有能够找到一个很好的平衡点,因此他的中国观愈加摇摆不定。第一位对卢梭提出批判的人就是伏尔泰。对于卢梭在《论科学与艺术》之中所提出的有关"人类"的观点,伏尔泰表示非常反感,对于《论人类不平等的起源和基础》这篇论文,伏尔泰又表示了极大的激愤。伏尔泰批评道,卢梭的作品是在说人只有像动物一样四足爬在地上、像野蛮人一样生活才算是"完美的人"。[92]前文我们曾讨论过伏尔泰的戏剧《中国孤儿》,这部作品也是伏尔泰针对卢梭《论科学与艺术》的直接驳斥。

在提到中国时,卢梭一般都会用一些赞扬之词或是一些无关痛痒的评价,但是其中也有一些模棱两可的表达。首先,在卢梭的《政治经济学》之中就赞扬了中国的政治与皇帝。他说,在百姓与官员之间产生矛盾的时候,皇帝总是会站在百姓这一边。

在中国，皇帝的座右铭是裁决官民争议时务须顺应民意。在任何省份里，如果粮价过高，该省的长官就得关进监狱。假使某省发生叛乱，该省长官就要革职，每个官吏也得为他的辖区内所发生的不幸事件而杀头。这并不是说，这类事件事后都不经过任何正规的审讯，可是长期的经验已经使人预期得到这样的判决。要加以纠正的不公正的裁决是极少的；同时，皇帝确信公共的叫喊不会无因而发，所以他往往能通过他所惩办的破坏治安的扰攘事件，发现应加纠正的真正的冤狱。[93]

卢梭接受了中国经验主义的政治原则，积极地评价了中国皇帝的开明、睿智。但要说每当发生民乱的时候，皇帝会首先处决官员而不是叛乱者，这种赞扬就有些言过其实了。

在《爱弥儿》里，卢梭认为大城市会导致人口集中，让国家变得贫穷，对大城市林立的国家提出了严酷的批评，却唯独把中国视为例外。

比较强盛的国家，其人口是很均匀地分布在它的领土上的；没有大城市，因此也没有那种表面繁华的国家，终究是能够打败它的对手的。一个国家之所以弄得很贫穷，正是由于它有大城市的缘故，因为大城市所生产的财富是一种表面的和虚假的财富，也就是说，金钱虽多，而实际的益处却很少。关于这个规律，我只知道有一个国家是例外的，那便是中国。[94]

这表明卢梭认为，中国虽有许多大城市，却并不贫穷，恰恰相反，中国还很强盛。但假如卢梭曾深入地探究其原因，就会发现在中国政治之中存在着他喜欢的"自然（无为而治）"，但他并没有再继续深究下去。总之，这里比较重要的一点是在1762年卢梭创作《爱弥儿》之前，人们仍旧把中国视为一个"强盛的国家"。

对于中国人口密集的原因，孟德斯鸠认为是中国女性多生多育的缘故，伏尔泰则认为是自然资源的丰富，魁奈认为是得益于统治的优越性，而卢梭则从人工运河的开凿上面找到了答案。由此可见，既然卢梭看待中国的视角是如此这般，那么他从一开始便很难像伏尔泰或魁奈那样，看到中国政治经济的自然性，或者说亲自然性。

卢梭虽不停地指出中国的优点与强盛之处，却并没有把中国视为革命的理想国。当时法国涌动着一股赞美中国的潮流，并广泛地传播着有关中国的一些积极的知识，但对于这股潮流，卢梭大约只是浮于表面地予以顺应，并未做深入研究。

在他参与编撰的《百科全书》第5卷"家庭、国家的管理"这个条目下，记述了中国的租税政策与财政体系，关于这一点，这个条目表现出了对中国一贯的赞扬，但在谈及中国政治时，却认为把"齐家"的一家之长扩大到"治国"的一国之君的观点是不尽如人意的，表现出了有所保留的态度。对此，文中从"自然状态（家庭）"与"社会状态（国家）"的差别开始阐述。[95]对于自然状态的家庭管理，当然是"自然"最好，但是脱离了"自然"，任何统治即便做得再好，也只是一种不自然的、退而求其次的选择。文中认为，文明化的社会与家庭并不能相互照应。

大自然产出了无数出色的家长，但人类的智慧却几乎不能产出优秀的国家元首。我们要正当地对"私的家庭管理"与"公的大家庭统治"做出区别，国家共同体照顾其成员的义务由其首领承担,除此以外,国家与家庭之间没有任何共同之处,两者的权力并不出于共同的源泉,利用同样的原理来管理这两者也是不恰当的。[96]

在这里,卢梭急于击碎绝对主义的逻辑(这种逻辑从家长权之中推导出了绝对主权的正当性),错失了孔子"家庭=国家""父亲=君主"这个推导主题的所有优点。所以,卢梭在这里犯了一个错误,他单纯地从西方的国家形态类推出中国的统治体制,并轻率地做出了判断。

在孔孟儒家哲学里,君主地位的正统性并非来自父亲的自然权威,而是源于"民心即天心"的天命思想。在这种自然义务之下,孔孟儒家的国家与柏拉图、亚里士多德的"国家论"或基督教的"神国论"截然不同,养民(生计、经济、福利)与教民(教育、文化)的责任也变成了他们自然而然的义务,也就是说他们要承担起所有"父亲"应承担的责任。

在《百科全书》的同一条目之下,卢梭又主张新增市民义务、国家教育义务,引进累进税制以保障市民的福利,他把国家比作"父亲之国(祖国)或"母亲",把市民比作了国家的"孩子"。卢梭与孔子一样,利用了"家庭=国家"的类推命题,而这与他平时的基本见解是相互矛盾的。

如果希望人民有道德,就要从教育人民热爱"父亲之国"开始,要让人民能够证明,父亲之国是所有市民共同的母亲……政府应该把公共行政的许多部分交给市民,使市民能感受到他们身处于同一个家庭之中,在他们眼里,法律是为了保障共同的自由,除此以外,法律别无用途。[97]

公共教育应立足于一定的标准之上，而这个标准应由掌权者所分配的官员决定、由政府规定，这种公共教育是人民政府或是法治政府的根本原理之一。如果"孩子们"能够在这平等的怀抱里共同接受教育……那么我们就不必去怀疑，这些孩子们会像兄弟姐妹一般相亲相爱，学习怎样能成为父亲之国的一名"父亲"，因为这父亲之国曾长时间地培养了自己。[98]

这个主张完全遵从了中国的教育哲学，而中国的教育哲学是以《大学》里"自天子以至于庶人，壹是皆以修身为本"的观点，以及孔子在《论语》里所提出的"有教无类"的万民平等教育思想为基础的。卢梭甚至模仿了重农主义者，而这些重农主义者正是中国式"普遍公共教育"的倡导者。重农主义的创始人魁奈强调说，"所有不同的法律应当尊重的第一条——实定法，便是确立针对自然法则法律的问题，开展公共教育与家庭教育"。在魁奈的遗书里，他曾经痛心疾首地表示，"除中国以外的所有国家，一直以来都忽视了教育制度的必要性，而这恰恰是政府的基础"[99]，因为当时除中国与东亚的各帝国以外，地球上根本不存在国民平等教育。

当然，卢梭比《百科全书》的其他共同编撰者都更加激进，所以他超越了柏拉图的夜警国家原理，倡导把"养民"作为国家第三位的任务。卢梭主张对收入实行累进税制，建议收税的标准要高于国家紧急状态时维持生计的标准，富有阶层应该只接受公职与工资，要懂得安贫乐道，这种讨论其实具有非常浓厚的孔子式的重农主义色彩。各位重农主义者在讨论中国模式时曾进行过有关中国式租税政策与保障地主公职的辩论，这些重农主义者包括魁奈、杜尔哥（A. R. J. Turgot）、米拉波（M. Mirabeau）、里维耶（M. de la Rivière）、博多等，他们都支持农业资本主义发展。在这里，卢梭遵从了这些重农主义者的意见。

另一方面，卢梭在38岁时撰写了一篇论文，名为《论科学与艺术》。这篇论文经常被用作卢梭对中国持批判态度的证据，下面这段话便摘自这篇文章。

在亚洲就有一个广阔无垠的国家，在那里，文章得到荣誉就足以带来国家的最高禄位。如果各种科学可以敦化风俗，如果它们能教导人们为祖国而流血，如果它们能鼓舞人们的勇气，那么中国人民就应该是聪明的、自由的而又不可征服的了。然而，如果没有一种邪恶未曾统治过他们，如果没有一种罪行他们不曾熟悉，而且无论是大臣们的见识，还是法律所号称的睿智，还是那个广大帝国的众多居民，都不能保障他们免于愚昧而又粗野的鞑靼人羁轭的话，那么他们的那些文人学士又有什么用处呢？他们所满载的那些荣誉又能得到什么结果呢？结果不是充斥着奴隶和为非作歹的人吗？[100]

在这篇文章里，卢梭认为，中国人是不道德的，他们回避战争，一点都不勇敢，他们愚蠢，经常受到压迫却不懂得呼喊，但在后来的文章里，卢梭又说中国是强大的、正义的，前后表现得很不一致。

谴责一个尊重科学的文化的国家不懂得呐喊，或是不够好战，这与向主张和平主义的哲学家教授刺刀术或战争术有什么分别呢？马克思不是说过吗？"定居在一个地方的文明帝国与周围擅长骑马的游牧民族相比，在军事上肯定是脆弱的"，所以罗马帝国、印度帝国、中华帝国都被游牧民族的入侵所征服。这就好比是学者与艺术家遭遇了强盗,这在过去的历史上是随时可能发生的。正如卢梭所认为的那样,这并不是中国"科学"的错,而是随着孔孟儒家学术的活跃,人们在军事上所付出的努力日益减少,整个国家日益文弱,所以才会导致了这种结果的出现。那么,科学是否应当放弃和平主义,转而教导人民要像游牧民这样骁勇好战呢?果真如此,这种学术便会彻底堕落了。

由于卢梭的轻率与无知,他没有意识到,凭借武力征服中国的那些"鞑靼",最后都反过来被中国文化与治国哲学所降伏,而这一点正是伏尔泰所强调的。即便那些征服了中国的"鞑靼"能够越过中国军事上的万里长城,也不能够越过中国"文化的万里长城"。相反,被阿基米德(Archimedes)称为"学术艺术的坟墓"的军事国家罗马,在日耳曼的侵略下轻易便亡国了,最后一点痕迹都没有留下。魁奈曾如是说:"罗马知道怎么去击败、征服许多国家,却不懂得怎么去统治这些国家。罗马经常掠夺属国的农业产品。后来,罗马的军事实力日渐衰弱,曾经被罗马征服、让罗马强盛、富饶的地方也都消失不见了。罗马没有能够守住这个大帝国,最终在敌人的侵略下轰然崩塌了。"[101]这便是中国与罗马本质上的差别。所以,伏尔泰创作了《中国孤儿》,其主题便是称霸东西方的成吉思汗最终也被中国学术艺术的"文化万里长城"所征服,并以这部戏剧对卢梭的《论科学与艺术》进行了反驳。从卢梭的反应来看,他应该也懂得了伏尔泰批判的意思。

从另外的视角来看,卢梭"自然"的概念与孔子所说的"齐家"的自然法则或"无为而治"的思想之间其实是有共通之处的。更进一步讲,如果把卢梭的自然概念与中国哲学的这种思想结合起来,便能摆脱卢梭思想中模糊不清与误解之处,使卢梭的思想散发出耀眼的光辉,但卢梭却只是漫不经心地与伏尔泰和重农主义者盛赞中国的步调保持一致而已,他并没有看到中国哲学的这一特点,这无疑是他的损失。正是由于这种缘故,在20世纪20年代,当中国哲学再次在欧洲盛行开来,对于卢梭"回归自然"的呐喊,欧洲的年轻人无一例外地、自发将它与中国的"无为"概念结合起来理解。

从整体上来看,对于法国与欧洲当时的亲华气氛,卢梭采取了一种赞同的态度,虽然有时也伴随着一些怀疑主义,但大致上是肯定的。在有意无意之间,卢梭的很多革命性的政治哲学在涉及很多主题时都原封不动地模仿了孔子与中国的统治哲学。从这一点来看,卢梭不同于激进的理性主义者狄德罗(D. Diderot)、爱尔维修(C. A. Helvétius),因为他们两个原本非常热衷于中国,后来却转而批判中国。晚年时,狄德罗开始着重研究中国人的道德、宗教实践,认为它们是不科学的,然后用"新欧洲理想"代替了"中国理想"。爱尔维修则批评中国的政治体制是"野蛮的暴政"。

卢梭至终都顺从了重农主义的理想,从这一点来说,认定卢梭与孟德斯鸠都是同样的"中国批判者"的观点是不正确的。我们的结论是,孔子儒家哲学对法国与欧洲的革命性影响在魁奈与重农主义学派之间达到了顶点,而重农主义学派在伏尔泰的主导下,创立了"经济学"这一崭新的学科,而启蒙主义的"异端儿"卢梭在这种影响关系下,变成了一位顺应伏尔泰与魁奈的边缘思想家。

第五章

欧洲的孔子——魁奈，近代经济学的开创者

> 不要以为自己的想法很新潮,农业是财富的唯一来源这一理论,早已被苏格拉底、伏羲、尧、舜、孔子所运用。
>
> ——阿道夫·利奇温《十八世纪中国与欧洲文化的接触》

弗朗斯瓦·魁奈是法国经济学家,重农学派的创始人和重要代表。魁奈的思想可以概括为"农业是国家财富的源泉"。魁奈结合了科尔伯特的重商主义思想,吸取财政破产与产业竞争力下降的教训,认识到了只有进行第一次产业革命才能发展法国的事实。他的自由放任式重农思想经济学被重农派学者称为"新科学"。1758年,魁奈的代表著作《经济表》问世,这一事件标志着经济学的创立。

而东亚的影响力远超魁奈时代。魁奈十分崇拜伏尔泰和孔子,其在《经济表》一书中体现出的思想正是源于孔孟的无为而治、民本主义、农本主义和商业经营自由思想。魁奈的重农思想不仅启发了大卫·休谟和亚当·斯密,还在瑞士从欧洲贫国发展为"人间天堂"的过程中发挥了决定性作用。纵观18世纪;伏尔泰在政治哲学和文化艺术领域吸收孔子的思想,开创了启蒙哲学;而魁奈在经济学领域从中国的政治经济制度和孔孟之道中汲取养分,开创了近代经济学。

魁奈的沉默并非偶然

魁奈原本是有名的宫廷医师,他曾担任路易十五宠姬蓬皮杜夫人的侍医。蓬皮杜夫人十分钦佩魁奈的医术和人格,将凡尔赛宫附近的一套府邸赏赐于他。而后,魁奈受到国王路易十五的关注,二人结为好友。魁奈喜欢争论与批判,路易十五世称他为"思想家"。1752年,魁奈成功治愈王储的天花得获封官职,正式成为国王医师团队的一员。直到1764年,时年43岁的蓬皮杜夫人去世为止,魁奈在王室中都有充分的影响力。

和孔子一样,魁奈也十分热爱学习。他虽然56岁才开始接触经济学,却开创了重农主义自由经济论,成为"近代经济学的开创者"。不仅如此,他还催生了"经济学"和"经济学家"这两个名词。时至今日,法语中表示经济学家的单词"economiste"

还有重农主义学派学者之意[102]。

重农主义学者们关于剩余价值来源的研究从流通转移到了直接生产,从而为分析资本主义生产奠定了基础。重农主义学派的基本观点认为,只有创造剩余价值的劳动才是生产劳动;生产并非始于人与之间进行交换,而始于人与自然之间的交换。[103]

卡尔·马克思在《资本论》中对重农主义做出了如下评价:重农学派认为,生产(特指资本主义制度下的农业生产)是唯一的生产活动;而将获得金、银或从事工商业活动视为非生产性的活动。重农主义中的"重农"这一观点反映了法国当时有70%~80%人口从事农业生产的社会情况,这一点与中国的农本主义也颇具相通之处。

魁奈认为,启蒙专制政策太过于理想主义,因而,在巴黎任蓬皮杜夫人的主治医师期间,他一直在以不同的方式接触和了解中国。首先,蓬皮杜夫人一直对中国有着极大的热情,她十分喜欢中国风的家具和饰品,甚至经常模仿中国女性的发型,是个十足的"中国迷"。在她的会客室中,充满异域魅力的中国文化经常成为热议话题。其次,巴黎是基督教传教者们往来的必经之地,在这里,魁奈可以见到来到巴黎进修的中国青年。

从17世纪后期到18世纪中期,在法国兴起的中国热潮时急时徐,不断反复。1707年,塞巴斯蒂安·沃邦元帅参照中国的税法政策,著成《王国的十分之一税制》,呼吁减轻法国的农业及各产业税收。尼古拉·博多神父也认为法国的腐败问题和严酷的制度亟待变革,因此,他提出了改革方案,支持塞巴斯蒂安·沃邦元帅的主张。此外,针对法国经济衰退和极度混乱的税制,魁奈也在努力探寻有效的解决方法。魁奈指出,应只对净产量(即剩余产量）征收赋税，同时他也倡导贸易自由。重农主义思想的前提是市场流通顺畅、商业经营自由、政府不干预经济。但直到18世纪后半叶，法国的农产品流通范围依旧被限制在生产农产品的地区，无法与其他地区进行跨地区贸易。在这样的争论与探索中，法国在1754年率先实现了国内各地区间的农产品交易自由。

1758年，时任王室主治医师的魁奈向国王路易十五展示了小型印刷机，国王对这个小小的机器十分感兴趣。不久后，魁奈又邀请国王到他的办公室，亲手印刷了《经济表》一书向国王展示。《经济表》一书以公式展示了社会财富的流通过程。当时，国王也参与了印刷的辅助工作。被誉为继文字、货币之后最伟大发明的魁奈巨著《经济表》就这样问世了。

魁奈通过阅读书籍、与中国人直接交流以及与旅行家、传教士的交流，对中国的经济理念和治世之道有了大体的了解，并在《经济表》中以数值化的形式展现出来。《经济表》指出，国家财富的最终源泉是农业。要想发展好农业，就要在农业财富生产、流通、分配、消费、再生产的全过程顺应市场经济的规律，实行"自由放任"的经济政策，减少政府的限制的干预，促进生产活动自由发展。因此，魁奈认为，解放市场的第一步，应从减少人为限制入手。魁奈认为发展的最终目标是实现共同富裕，构建和谐社会。魁奈的经济思想标志着法国冲破了旧的充斥着特权与垄断主义的重商主义高墙。从这一点来看，在经济上崇尚"无为而治"的法国重农学者在一定程度上受到了中国自由市场经济体制和"无为而治"思想的影响。

《经济表》认为，生产的主力是"企业农"身份的"富农"。即"农场主"。这些人从地主手中租借耕地后，投入农具、种子等资本，雇用劳动者进行大规模农业生产活动。不依靠农业为生的人都被归类为非生产阶级。但地主阶级由于地位的特殊性，若使用"非生产性"这一表述会有失体统，因而与神职人员、国王一起列为特殊阶级。魁奈认为，只有地主应该缴纳赋税，而对于企业农和农民应实行免税政策。

应只对土地的净生产物征收赋税，而不应对农业生产者的投资或是农产品的贩卖过程征收赋税……以农业为本的国家一向是对土地的所有者征收赋税。可持续发展的对于财富源泉征税的赋税体系既简单又符合规律；既符合国家利益，又能减轻纳税人的负担。[104]

在古代中国，"租"这一字眼出现频率很高。孟子认为，关于市场和贸易的一切税收都应降低或废止。而古代的中国政府也践行了这一方针。魁奈想要主导一场类似的税制改革。

城镇居民常常会认为农民是"国家的奴隶"，魁奈也对这样的偏见进行了批判。"剥削阶级认为'为了防止农民偷懒，要让他们生活艰难'，但是，过少的收入会使农民爱偷懒、爱拖延，甚至变成流浪汉和强盗。只有保障了所有权和一定的收入，才能激发农民的劳动热情。若农民困苦，国家就会困苦。"魁奈认为"工商业资本家"是"剥削者"，他称这些人为"狂妄的资产阶级"，并对其进行了强烈的批判。

另外，他强烈声援企业农和农业，并支持将农产品商人也并入农业资本家范畴。魁奈试图把法国打造成为农业相关产业的出口总额大于工业相关产业出口总额的农业资本主义国家，就像今天的丹麦、荷兰、瑞士一样。"富裕的农民，以及从事农产品贸易的富商刺激着农业的发展，并在农产品的流通过程中起着执行、统筹、指导性作用。接下来是出身、爵位和学识都十分卓越的地主,他们十分独立,保障着国民的收益。他们是光荣的市民集团的重要成员。中产阶级常常轻蔑地称这些人为'种地的',殊不知这些农村居民、教师和富豪是具有极高价值的农业资本家。"魁奈在这里有关在富有的企业农之后满载荣誉的论述与司马迁在《史记》中所述"素封"一词在本质上有着相通之处。"素封"是指"无官爵封邑而富比封君的人"。

孔孟和司马迁在《史记·货殖列传》中并未将农业和工商业二者对立起来,而魁奈将两者间的对立上升到了阶级斗争的层面。这是魁奈的理论与孔孟的哲学之间差异最为显著之处。

魁奈的重农主义理论将农业归类为"生产性",将工商业归类为"非生产性",但这一理论也存在着极大的矛盾。魁奈坚信"净产量(剩余价值)"是自然的馈赠,但也存在着这样的悖论。

若对耕作的过程进行更多的投资,则投资越大,耕作所需的人力就越少、农业生产就越繁荣、产生的利润就越多……以企业农为例,在设备维护上投入的资金越少,生产成本也就比小农经济形态更少,净产量就会越高。反之,小农就需要把收益用在购买农具上。[105]

卡尔·马克思认为,在以上这段论述中,净产量的相对增加并不是源于"土地",而是由于良好的设备带动了生产积极性的增加。但是,规模经济中的技术性节省劳力在制造业中也同样适用。由此,魁奈的理论基础,即农业劳动是生产性的、制造业劳动是非生产性的这一理论显然是不成立的。此外,在商业劳动过程中,由于运输产生的空间移动和由于加工、服务产生的剩余价值等,每个环节的劳动都属于生产性劳动。因此,与魁奈的重农主义理论相比,孔孟的粮民论和司马迁的货殖论显然更加符合实际。后来,亚当·斯密在继承了魁奈思想的基础上对其做出了一定的修正,认为工商业领域的劳动也属于生产性的劳动。亚当·斯密的自由市场经济理论无疑是对"生产性劳动"这一概念的扩展,除了这一处小小的修正之外,他全盘继承了重农主义思想。

魁奈也像司马迁在《史记·货殖列传》中提到的越国计然一样,想要通过增加企业农的数量,达到富民强兵的目的。

> 在水上或海上的战争除了投入人力外,还要投入远大于军人生计所需的资源和资本。所以,财富在战争中的作用大于人力……百万散兵不如十万精兵。[106]

魁奈与计然的富国强兵论在本质上是一样的。计然认为,财富和货币如流水一般可以流转生息。在实行经济自由政策十年后,越国经济兴旺,士兵的战斗积极性高涨,击败了强大的吴国,争霸中原。

通过上述几个例子,我们不难得知,在魁奈的《经济表》中,出现了很多中国特有的政策理论。但魁奈不仅在自己的早期著作中未提及自己理论的来源,在《经济表》中提到来自中国的例证时,也绝口不提出处。当时,也许是因为孟德斯鸠等人对于中国的质疑之声尚未消逝,在这样的背景下,慎重的魁奈认为,若贸然注明引用了中国的思想,自己的理论将难以立足。从保护自己和中国的立场上来讲,标明出处无异于激化矛盾。但魁奈也有可能是为了显示自身理论的独创性和独立性,故意隐瞒了重农主义理论思想的出处。

1763年，法国结束了灾难般的7年战争①，经济学家、政治家杜尔哥男爵结识了两名中国神父②。杜尔哥男爵动用公费，为他们延长了一年的滞留期，以便其在法国学习科学、农业、工业知识。杜尔哥男爵还拜托他们回国后给自己传达更多关于中国政治经济的信息。杜尔哥男爵撰写了"关于中国经济的52问"托付给二人，其中包括关于发展完备的中国银行系统的疑问。二人以"杜尔哥男爵的中国朋友"身份活动，当时，魁奈也曾与二人面谈，了解到了不少关于中国的信息。

魁奈虽身在巴黎，心中却充满着对北京的向往。甚至在1767年，决定避开法国政府严苛的检查，将自己编撰的全集：《重农主义，造福人类的自然主义宪政体制》（卷六）在中国出版。魁奈认为，比起路易十五统治下的巴黎，"无为而治"的帝国都城更有吸引力。虽然因为现实中距离过于遥远，魁奈无法亲自去往中国。但是他的原稿历经辗转，终于在1768—1769年间在瑞士伊韦尔东出版。伊韦尔东是当时法国重农主义和中国治世哲学广泛传播之地。

在魁奈小心翼翼地隐瞒了自己的理论思想源于中国的同时，欧洲的风向发生了转变。伏尔泰的斗争、法国国王耕地、《经济

---

① 1756—1763年，奥地利王位继承战中，奥地利的玛丽亚·特蕾莎企图削弱争夺中欧霸权的对手普鲁士，收复之前被侵占的西里西亚。他们聚合在欧洲和殖民地的力量，分裂成两个阵营，挑起了大规模的战争。以1755年英国与法国在北美地区的战争为背景，1756年1月，普鲁士与英国结盟。普鲁士掌握了在德国的主导权，英国则夺取法国在印度的殖民地，从而确保自身的欧洲强国地位。

② 据历史记载，两名中国神父为Kao Lei-se和Yang Teh-wang。

表》的出版，还有重农主义思想的进一步发展都标志着，事情在朝着利于魁奈的方向转变。亲华派的启蒙主义学家和重农主义学家人数不断增加，从思想上来看，法国可以说是变成了"欧洲的中国"。

接着，在18世纪60年代，中国文化和孔孟思想在法国流行起来。作为18世纪40年代的热门话题，中国和孔子在当时成为18世纪欧洲新思潮的守护者。在这样的鼎盛时期，魁奈利用自己之前积累的中国知识，决心要将重农主义思想正当化。

魁奈的最后一部著作《中国的专制主义》集孔孟思想之大成，在阅读这部著作之前，先简单了解一下构成魁奈理论基础的中国传统经济哲学，包括孔孟的经济思想以及中国的历史。

民富之国

孔子在养民理论中曾提到发展成民富之国的三大要素:"足食,足兵,民信之矣。""足食"是治国理政的第一要素。

可以支撑商业发展的合理度量衡制度、贸易往来中的诚实守信、百姓衣食无忧,这是支撑孔子治国理论的现实基础。合理的度量衡制度和诚实守信是工商农业发展的必备要素。"养民"有使百姓休养生息之意,其理论基础是孔子的博施济众,仁者爱人思想。这一思想与夏商周以来的中国传统思想相通。

以下是《论语·颜渊》篇的内容:

子贡问政。

子曰:"足食,足兵,民信之矣。"

子贡曰:"必不得已而去,于斯三者何先?"

曰："去兵。"

子贡曰："必不得已而去，于斯二者何先？"

曰："去食。自古皆有死，民无信不立。"

  孔子说，立国之三要素中的第一条是"足食"，即丰衣足食、安居乐业。统治者应满足百姓的合理诉求，保障百姓丰衣足食。"足食"并不仅仅指填饱肚子，还有使百姓生活富足的"富民"之意。

  孔子认为，治国理政的第一要务即"富民"与"教民"。"教民"是让百姓接受教化，与时俱进。《论语·子路》篇中曾出现如下对话，孔子的"教民论"从中可见一斑。

子适卫，冉有仆。

子曰："庶矣哉！"

冉有曰："既庶矣，又何加焉？"

子曰："富之。"

冉有曰："既富矣，又何加焉？"

子曰："教之。"

  柏拉图认为，百姓的生计问题是百姓应该自己解决的问题，不应该从国家层面来考虑，国家应减少对国民个人的关注，只需维持国家整体的国防、外交、治安等。柏拉图的治国理论一直以来影响着西方的政治、经济理论。而孔子的富民·教民国家论与柏拉图的观点有着本质上的区别。18世纪以来，西方开始接纳孔孟的富民、教民理论，提出建立福利国家的构想，在经历了20世纪严酷的阶级斗争之后，人们意识到，必须实现这一构想，才能终结柏拉图治国理论的影响。

孔子认为，君子应以济世富民为己任，若未能富民，应视为君子之耻。子曰："地有余而民不足，君子耻之；众寡均而倍焉，君子耻之。"即土地广袤、资源丰富，百姓却缺衣少吃，君子认为是可耻的事；大家都分到一份，自己则多分一倍，君子认为是可耻的事。[107]

那么，对于富民和增产，孔子又提出了哪些具体的方案呢？

一是无为而治和有为而治。无为和有为的"为"字经常被误解为"有作为"之为，因此"无为而治"也被认为是"国家不干预百姓自由发展的政治"。

孔子曾高度评价舜的无为而治政策。

孔子曰："无为而治者，其舜也与？夫何为哉？恭己，正南面而已矣。"[108]（孔子说："能够无所作为而治理天下的人，大概只有舜吧？他做了些什么呢？只是庄严端正地坐在朝廷的王位上罢了。"）

这里的"恭己"一词是庄严端正之意。"南面"是指面南而坐，象征时刻关注和保障臣子们运营国政和百姓自由生活的德政。

巍巍乎！舜禹之有天下也，而不与焉。[109]（多么伟大啊，舜和禹得到了天下是因为有德而被禅让的，并非是他们自己提出要求而得到。）

帝王坐拥天下却不过多加以干涉的"有而不与"是"无为而治"的另一种现实体现。这种政治理念建立在"无为而成"的宇宙观之上，认为高远的天空和博厚的大地在不停地推动着万事万物的变化，即使人们不加以推动或阻止，任其自由发展，事物也终会有所成。

一次，鲁哀公问孔子说："敢问君子何贵乎天道也？"孔子这样回答：

> 贵其不已。如日月东西相从而不已也，是天道也；不闭其久，是天道也；无为而物成，是天道也；已成而明，是天道也。[110]

孔子认为，伟大的君主应效仿天地之道，践行人道，即像天地无为一般，治理百姓也应无为而治。因此，无为而治并不是不承担责任，而是像父母照顾子女一般尽心呵护，无私给予；同时保障百姓自由生活的权利。《老子》中有这样一句话："我无为而民自化"，孔子的无为而成政治哲学中，"无为"的程度虽不高，但与有为思想还是存在着显著的差别。高度的治理能力是最起码的权威。

"无为而治"政治理论有一定的局限性，但为后来明朝和清朝的内阁制和英国的君主立宪制提供了理论基础。

另一方面，这一理论同样适用于经济学领域，可发展成为儒家特色的自由市场经济理论。对于魁奈十分重视自由市场的物资流通，《书经》①中提道：

> 《周书》曰：农不出则乏其食，工不出则乏其事，商不出则

---

① 孔子整理的《尚书·周书》中遗失的部分，司马迁在《史记》中以流通与再生产予以补充。

三宝绝，虞不出则财匮少。[111][若没有农民，粮食就会短缺；若没有工人，工业就会贫弱；若没有商人，三宝（农产品、工业产品、水产品）就会断绝；若没有守林人和渔夫，水产就会减少。]

从他罗列的各个行业的顺序，我们不难看出其重农主义的观点。但是从关系到"三宝"的商业再生产角度来看，也体现出了一定的重商主义观点。

总之，在经济领域，重农主义与工商业自由相结合的"农商皆本主义"与"无为而治"的理念相符。脱离政府干涉的自由农商皆本主义经济体制可以概括为，经济是各产业增产的主力，起保障产品流通的作用，百姓在此基础上安居乐业。

但仅仅依靠无为市场难以实现经济发展和富民的目标。就像天地万物会发生天灾巨变，市场也会有小毛病，产生负面效应。孔子并未像西方人一样认为自然规律是绝对的，而是指出了自然的局限性。

何可而适乎？物安可全乎？天尚不全，故世为屋，不成三瓦而居之，以应之天，天下有阶，物不全乃生也。[112]（金无足赤，人无完人。苍天尚且是不完全的，因此人们在建房时用不足的三块瓦片与之呼应。天下等级分明，万事万物生来便是不完整的。）

和人相比，苍天虽然伟大很多，但苍天也并不完美。古代的东方人在了解到自然的不完美之后，建造房屋时都要剩下三块瓦的地方，不把屋顶覆盖完全，特意用不完整的屋檐与不完美的自然相呼应，有不凌驾于自然之上之意。他们十分重视对自然不完美的认识。而在希腊与基督教的观念中，常常会把天置于人的对立面，东方的观念与之截然不同，由于自然是不完美的，因此人类若不施以援手，天地秩序就无法正常运转。

在17~18世纪的西方，基督教占据思想的主流，但开明的知识分子也并不否认天与自然的不完美。培根认为，自然状态分为"自然的自由""自然的错误"和"自然的约束"，因此自然史（自然的博物志）也分为"自然发生的博物志""不可思议的博物志"和"技术（力学·实验）的博物志"。狄德罗和达兰贝尔（J.le R.d'Alembert）在《百科全书》中也提出了与培根类似的"自然树形图"理论，他们把自然的博物志分为"有规律性的自然""打破常规的自然""奇迹的流星""异于寻常的矿石、植物、动物"和"元素的奇迹"等。

所以，人类开始提出对策应对自然偶尔的不完美，比如尝试预测自然的非正常活动，从而提前规避；比如提升技术应对手段；对于无法规避和改变的，就去努力适应。这就是孔子提出的"天人相助"思想。只有天人相助，才能利用好自然的规律，将自然规律的负面影响最小化。人类只有先顺应自然规律，才能"参天地，赞化育"。

自然规律有异于寻常之时，市场规律亦是如此。应用人类的无为而治来辅助市场的自然之道。市场并不是凭空自然产生的，也不是自主扩张开来的，因此，其运行过程也并非生来完美。富民的第二种具体方法就是要指定"有为而治"的经济政策来辅助无为市场运行。由此可知，孔子的无为与老子所信奉的无为自然有着本质的区别，孔子的无为是将无为最大化，将有为最小化。以有为辅助无为。

有为而治包含几个重要的经济、福利政策。

首先，应为自由市场的产生、维持和发展做好物质上、社会上、思想道德上的准备。孔子十分重视合理的度量衡制度和贸易往来中的诚实守信原则，孔子到鲁国三个月后，就杜绝了商人缺斤短两等不诚信的行为。孔子认为，所有政治和经济的发生和发展过程都体现着物性和人性，统治者对于这一过程不能过多干预，而应为其准备必要的制度基础和道路、港口、运河、度量衡等物质基础，以及诚实守信的社会风气，支持技术发展，促进对外流通。

其次，要想实现百姓生活富足，加速市场流通，维持市场稳定的"有为而治"，最重要的是要减轻赋税。孔子的弟子冉求在鲁国担任官职时，孔子曾对他说："征收赋税要从轻。"[113]冉求担任鲁国权臣季氏家族的大总管后，无视孔子的嘱咐，制定了十分严苛的税法制度。之后，孔子将冉求逐出师门，甚至说："（冉求）非吾徒也。小子鸣鼓而攻之，可也。"由此可见，孔子对于降低赋税的坚定决心。虽说税收政策也会受到世事变化的影响，但是在百姓生活状况十分困顿的春秋时期，减轻赋税十分有必要。

为缓解富者愈富、贫者愈贫的贫富差距，应实行"平均分配"政策。孔子的理想国家是建立"中庸之国"，即有大量且稳定的中产阶级。若贫富差距过大，则社会阶级间会失衡，会出现许多不和谐不稳定因素，如民间起义等，使国家积贫积弱；反之，若有绝大多数的中产阶级国民基础，就能实现阶级间的均衡，中和百姓的价值观和文化情绪，促使国家在政治、社会、外交等各个方面实现安定和谐，发展为富强的大国。孔子曾说：

不患寡而患不均，不患贫而患不安。盖均无贫，和无寡，安无倾。[114]

孔子的中庸之国究竟指什么呢？这一设想建立在"中和"这一概念的基础上，所谓"中"是指当喜怒哀乐的情绪出现时，不将其表露出来，通过自我调节实现内心的平和；而"和"是指在表露这些情绪时，控制情绪，把握好度。也就是说，"中"是指调节个人主观单纯感情的均衡，而"和"是指与他人交往过程中共情（恻隐之心、羞恶之心、恭敬之心）的"调和"。

孔子认为，将"中"与"和"作为习惯融入自己的品行即为"中庸"。当这一概念上升到国家层面，即为静态的"均衡"，动态的"调和"和中庸的"安定"，"中庸之国"的均衡与调和不仅仅是算术上的绝对平均，而是要依据现实状况，实现"相对平等"，为实现"相对平等"进行再分配的过程称为"均齐"。[115]对此，《大学》中有如下阐释：

（是故）财聚则民散，财散则民聚。[116]

社会的均衡与调和可以促进百姓致富、人口增加、交流密切。缺乏再分配的发展会导致贫富不均，而合理再分配的发展可以促进国家的共同富裕。

最后，孔子的有为而治理论还提出，为了避免发展自由市场造成的两极分化政策，应制定相应的社会福利政策予以补充。

东亚的理想社会是"大同社会"，大道之行，天下为公。对于老人、幼儿、鳏寡孤独废疾者，都有相应的保障福利政策。这是孔子心中的理想国度。

总的来说，孔子的富民政策是将无为而治的自由市场理论与有为而治的经济、福利政策相结合的中和之策。这也体现出孔子经济哲学的本质，这一理论极大地推动了18世纪欧洲的自由市场经济学和福利国家政策的诞生。

圣人治天下，
使有菽粟如水火

孟子进一步发展了孔子的富民经济思想。他认为宽厚而包容的政治家仁政论的具体方案应包括"养民、教民、爱物、司法正义、战争驱逐（和平）"五大方面。其中，"养民、教民、爱物"是仁政论的基石。

孟子认为，富民是教民的物质基础，继而主张关注民生的养民论。对于战国时期生灵涂炭的民生，孟子有着正确的时代认识及判断，针对民生与道德的关系，他对齐宣王说道：

今也制民之产，仰不足以事父母，俯不足以畜妻子；乐岁终身苦，凶年不免于死亡。此惟救死而恐不赡，奚暇治礼义哉？[117]

由此可见，孟子认为，若想达到培养百姓道德修养的目的，首先要养民，即安定民生。

孟子养民经济的第一原则——"创造自由市场及经济活动自由化"，也是来源于孔子无为市场的宗旨。齐宣王请教他王道政治时，孟子主张为实现市场及经济的自由化，应降低租税及取消经济规制。

市，廛而不征，法而不廛，则天下之商皆悦，而愿藏于其市矣；关，讥而不征，则天下之旅皆悦，而愿出于其路矣；耕者，助而不税，则天下之农皆悦，而愿耕于其野矣；廛，无夫里之布，则天下之民皆悦，而愿为之氓矣。[118]

如上所述，早在公元前350年左右，孟子就提出了收购、废除关税、减税、废除夫布和里布等市场调节措施。

天下百姓云集是国家富强的象征。孟子坚信，如果市场从减少各类限制和税金开始实现自由化，充分解放和满足百姓的物欲，那么依靠市场机制的自主运作，就能在追求个人利益和积累财富的过程中实现经济发展和国家富强。

孟子认为，确立自由市场经济体制的前提是减少关税、市场税，取消各类限制条款。他明确指出："减轻税金、废除关税和市场税应尽快实行，刻不容缓。"孟子的自由市场论进一步具化了孔子的无为市场论。因此，他也用"无为"来阐述治国的根本原理，并道破了"无为其所不为，无欲其所不欲"的道理。[119]

孟子认为，养民经济的第二原则是"助而不税"，即税赋从轻，废除不当税收。

有布缕之征，粟米之征，力役之征。君子用其一，缓其二。用其二而民有殍，用其三而父子离。[120]

另外，孟子建议统计耕地，完善税收政策，准确执行，并试图通过引入井田制来解决此问题。

井田制：共900亩（1亩相当于100步的单位，约30坪）井田中，800亩事先分配给8户居民作为私田，位于中间的100亩公田用于共同耕作，将公田的收成供给国家。这个公田里的收成就是"助"。井田制作为税金最低的土地所有制度，是给重农主义者重要启示的税法。孟子在考察夏、殷、周的税法历史后，肯定了井田制和周朝实行的耕地十分之一或九分之一轻助法。在综合考虑面积、土质、人手、家庭数量、时间、情况等因素制定的税法，在井田制消失后，仍被汉朝和之后的王朝所沿用。

孟子养民经济的第三原则为："产业振兴、职业与技术教育、孝悌教育"，他曾用此劝谏梁惠王。由此可见，公元前的人们就已论及工艺作物与畜产领域的产业振兴。

五亩之宅，树之以桑，五十者可以衣帛矣。鸡豚狗彘之畜，无失其时，七十者可以食肉矣。百亩之田，勿夺其时，八口之家可以无饥矣。谨庠序之教，申之以孝悌之义，颁白者不负戴于道路矣。[121]

第四原则是在孔子的福利国家理念基础上发展出的"社会福利政策"。

老而无妻曰鳏，老而无夫曰寡，老而无子曰独，幼而无父曰

孤。此四者，天下之穷民而无告者。文王①发政施仁，必先斯四者。"¹²²

在文王统治下的周国，没有一位老人吃不饱穿不暖。于是，听说"周文王善养老人"传闻的伯夷和叔齐，也去到了周国。对此，孟子说："天下有善养老，则仁人以为己归。"¹²³

有人说，要了解当今一个国家的水平，就要看看该国的孩子、老人和妇女是否受到重视。早在3000多年前，东亚就已经以对孩子、老人、女性的福祉为标准对国家进行了评价，同时也将这一福利政策作为国策进行推进。孟子提出，为建立赡养老年人的物质基础，应提出具体的桑栽、养蚕、牲畜饲养、旱田耕作、整理耕地和居住地、种粮、植树，以及训育子女等方法。

养民的第五原则是以解放物质欲望，让执政者和百姓共享发展成果，即"与民同乐"。

梁惠王站在池塘上，环视着大雁、小雁、小鹿时，孟子前来拜见。梁惠王突然问道："贤者亦乐此乎？"孟子答曰："贤者而后乐此，不贤者虽有此，不乐也。"接着又说："《汤誓》中记载，因桀王暴政而被逼迫的百姓们说：'时日害丧？予及女偕亡！'民欲与之偕亡，虽有台池鸟兽，岂能独乐哉？"¹²⁴

齐宣王又问孟子："文王之囿方七十里，有诸？……民犹以为小也。寡人之囿，方四十里，民犹以为大，何也？"孟子答道：

文王之囿，方七十里，刍荛者往焉，雉兔者往焉，与民同之。民以为小，不亦宜乎？臣始至于境，问国之大禁，然后敢

---

① 为中国古代周朝奠定根基的明君，被儒家视为理想的君主。

入。臣闻郊关之内有囿方四十里，杀其麋鹿者如杀人之罪。则是方四十里，为阱于国中。民以为大，不亦宜乎？[125]

周文王的狩猎场方圆七十里，与老百姓共同享用，百姓认为小也是合理的；而齐王40里狩猎场自用，自娱自乐，扰民生而大伤。孟子甚至认为，即便是物欲和性欲，如果与民同享，也是好的。

宣王说："寡人有疾，寡人好货。"

孟子答曰：

昔者公刘好货；《诗》云："乃积乃仓，乃裹糇粮，于橐于囊。思戢用光。弓矢斯张，干戈戚扬，爰方启行。"故居者有积仓，行者有裹囊也，然后可以爰方启行。王如好货，与百姓同之，于王何有？[126]

即便如此，若能使百姓都有配偶，那么，也不失为一种仁政。

昔者大王好色，爱厥妃。《诗》云："古公亶父，来朝走马，率西水浒，至于岐下。爰及姜女，聿来胥宇。"当是时也，内无怨女，外无旷夫。王如好色，与百姓同之，于王何有？[127]

对统治者的物欲和色欲，孟子从不讲奢欲或禁欲，而是将这种欲望升华为与民同乐，提倡解放欲望。

另外，孟子仔细分析百姓经济活动与道德的关系，并对宣王说：

若民，则无恒产，因无恒心。苟无恒心，放辟，邪侈，无不为己。及陷于罪，然后从而刑之，是罔民也。焉有仁人在位，罔民而可为也？[128]

因此，明君的职责是创造就业机会，富饶民生。因为只有百姓富足，才有余力去修明"善"和"礼"。只有民生富足，才能支撑百姓的高等教育和文化知识化。教育只能在养民的基础上才能实现。同时，教育的内容（技术、职业教育、团结和睦、劳动合作的伦理教育等）也能为养民奠定基础。

养民的最后一个原则，是爱护自然生物和自然事物的"爱物"。孔子说，人之道"夫礼必本于天，殽于地"。[129] 因此，人类不是自然的"征服者"，而是"过客"，抑或是"子女"。正因如此，孔子才想："断一树，杀一兽，不以其时，非孝也。"[130] 孝道固然重要，但比它更重要的是自然规律，而其精髓就是珍视生命。无论是砍树还是宰杀牲畜都要择好时机，发新芽的春季砍伐树木或宰杀孕育新生命的牲畜，都是对生命的冒犯，是与自然规律与道德相悖的行为。而与生命背道而驰的事物都不可能长久。孟子早在2400多年前就主张奉行孔子的自然之爱，珍惜生物及大自然的一切事物。

由此，孟子将孔子的"仁"阐释为"亲亲而仁民，仁民而爱物"。"恭敬父亲"属于亲亲，"百姓"要去仁爱，而"生物与事物"要珍视。[131]孟子的仁政论，或者说，儒家的养民论就这样一直深入到珍惜大自然的"爱物"。

孟子养民经济的终极目标跟孔子一样，也是富民，但他更加具体地阐明了何为富民，那就是"圣人治天下，使有菽粟如水火"。

易其田畴，薄其税敛，民可使富也。食之以时，用之以礼，财不可胜用也。民非水火不生活，昏暮叩人之门户求水火，无弗与者，至足矣。圣人治天下，使有菽粟如水火。菽粟如水火，而民焉有不仁者乎？[132]

孟子认为，对于百姓而言，粮食和财富如水和火一般重要，若经常短缺，百姓很难安居乐业。孟子和孔子一样提倡君子安贫乐道的清贫生活，但同时要满足百姓的物质欲望，让他们的衣食住无忧，这样百姓的道德修养也会自然而然地提高，这是因为人心向善的必由之路就是让百姓过上富足的生活。

可见，压抑百姓的物质欲望、轻视民生、一味要求道德高尚，这并非是孔孟思想的真谛，只不过是被过去尸位素餐的权威阶层肆意扭曲的结果。孔孟的经济与福祉哲学，直到18世纪一直引领着东亚的发展，他们的思想不仅促进了西方近代经济学与福祉理论体系的产生，还为当今韩国的经济、福祉、环境问题提供了许多实践性的启发。

司马迁的经济哲学与"自然之验"思想，对魁奈的"自然规律"与亚当·斯密的"看不见的手"理论产生了决定性的影响，对此将在第六章亚当·斯密部分进行更加具体的阐述。

下面我们继续了解一下深受孔孟儒家哲学的影响，并在晚年成就力作的魁奈吧。

魁奈的
政治遗言

随着时间的推移，弗朗斯瓦·魁奈日益感觉到从多个不同地方吸收的各种思想元素，最终都重叠到了中国这块神秘的版图。在过去历经8年撰写的经济学习成果——《经济表》中，有可能被误解为神秘象征的数值，历经长时间的学习和研究之后，居然通过中国的各种案例被生动地一一展现出来。

他的目标是将神与人的秩序融合在一起，即将作为"世界之道"的自然法则与现实法则相融合，并由此探索世界化的统合性数学公式；同时，由此实现对宇宙的宏观视角。对于魁奈来说，所谓自然法则即为"支配自然界和人类社会运行的客观规律，是一切人性立法的最高准则"。中国是他一直在寻找的证据，是自然法则思想能够得以实现的保证，不，应该是教会他如何才能实现这一思想的上好例证。

1767年，魁奈于74岁高龄出版了一本书，名为《中国的专制主义》，在这本书里他首次披露自身思想的全部来源。此番决定相当于和盘托出了魁奈隐藏至今的底牌，也是重农主义者的决战，不，应该说这是他的政治遗言。[133]在人生的最后一本著作里，他明确标出《经济表》中集中体现的重农主义核心命题源自中国这一事实，这是他从事经济研究整整17年后的自白。

魁奈认为，对法国而言，最理想的莫过于"开明专制"。但在《中国的专制主义》序言中他又解释说，为了更有力地抨击孟德斯鸠的"中国专制主义论"，他决定在自己的书名中使用"专制主义"。他认为专制主义或专制主，以及despot均适用于所有君主政权，在此基础上他区分了法治专制主义和非法治（恣意性，暴君性）专制主义。

中国政府之所以被称为专制主义，是因为中华帝国的君主始终紧握最高权力，而且具有排他性。"专制主"意味着主人或君主。所以，这份称号适用于依法行使绝对权力的统治者，也适用于恣意掠夺权力的统治者。因此，专制主义中存在法治专制主义及恣意或非法的专制主义。[134]

魁奈提出这一概念之后，紧接着通过非常直接的提问正面论述中国政府的性质。这种问答方式，实际上可以看作是对孟德斯鸠宣扬的"中国专制主义论"的宣战。

中国皇帝被称为"专制主"，那么它究竟蕴含着怎样一层含义呢？在我看来，人们似乎对那个帝国的统治持有不友好的看法。但我从中国的相关资料中得出一个结论，这种专制是基于相关法律的，而这种法律是由皇帝执行且他自身也要严格遵守的非常智慧和不可撤销的法律。[135]

魁奈这番话的意思是中国政府采用的并非是暴君专治且肆意妄为的专制政体，而是他本人觉得非常理想的法治主义"开明专制"。

魁奈了解了欧洲人对中国的误解，譬如有关中国五帝时代及神话时代的荒诞主张等，然后总结出中国的统治者和被统治者之间的基本关系。

中国的初代皇帝实行充满正义的法律，并普及实用技术，为了使自己的帝国繁荣昌盛付诸全力……再也找不到比中国人更加顺从自己君主的国民了，他们熟知统治者与被统治者之间相互要履行的义务。同时，他们也比任何人都痛恨违背自然法则与伦理道德的君主，因为那些是成就国家信仰与令人惊叹的持续性教育体制的坚实基础。政府竭尽全力大规模地推行和维护教育，这正气浩然的法度形成君主与百姓之间神圣而牢固的纽带。[136]

统治者和被统治者之间的这种模式一直持续到近代。魁奈列举了中国统治者和被统治者之间的神圣的义务与伦理道德，并说如果统治者没有履行相应的义务，那么很有可能会引发革命。这表明中国的所谓专制政体并非是孟德斯鸠等人主张的暴君肆意妄为的专制政体。继宪政性质之后，魁奈又对中国的社会经济与地理景观进行了阐述。

第五章 欧洲的孔子——魁奈,近代经济学的开创者

谁也不能否认中国是我们所了解的国家中最美丽、人口密度最大,且最繁荣的国度。所有欧洲国家统一归属于一个主权之下,才能与中国相抵。中国分为15个省,据李明神父介绍,"即使是最小的省也拥有肥沃的土地与众多的人口,几乎可以跟一个完整的国度相媲美"。[137]

引述李明神父的段落摘自索邦神学院焚毁的著作《中国近事报道》。魁奈引用李明的观点来盛赞中国,以此对过去索邦神学院所做出的错误决定表示抗议。

接着他还关注到中国自明朝以来代替世袭士大夫制度的非世袭士绅①制度与民本主义。他对这些提高农民地位的制度和理念表示钦佩,并将中国描写成除了王族之外没有世袭贵族,且基于教育和考试选拔人才的能力导向型社会。

中国百姓只有贵族和平民两个阶级。第一阶层是王族、有爵位者、官员(地方官)、学者。第二阶层是农民、商人和工人等。中国没有世袭贵族,只能凭功绩和能力获得社会地位。哪怕是帝国君主的权相的子女,如若偷懒或无才就被贬为平民,最终不得不选择最低贱的职业。儿子虽能继承父业,但为了延续那份荣光与名誉,也要马不停蹄地提升自己。因此,儿子只能寄希望于唯一能功成名就的途径——学习。[138]

---

① 在科举考试中成绩合格却未担任官职且在乡下居住的人或是乡村地区的退休官吏、德高望重者等组成的社会阶层,又被称为乡绅,在明清两代起着辅助国家管理的中间管理层作用,与英国的"gentry"(地主阶级)类似。

中国的选贤举能思想在后来的法国革命中成为推翻身份制度，建设近代平等社会的核心动力。魁奈是凭借自身能力被正式授予爵位的贵族，正因为如此，他才会更加关注以能力为本的中国社会，并与欧洲的世袭贵族进行对比："在欧洲，父亲会把贵族身份传给子女，就这样子子孙孙传承下去。相反，在中国崇尚父以子贵、光宗耀祖。统治者将根据情况，将贵族身份赐给贤能之士的第4代、第5代乃至第10代祖先。"

魁奈尤其关注中国农民的社会地位，他说："在那些没有出仕的人中，农民的地位最高，其次是商人，再次为工人、庄稼人、劳工、贱民。"在这里，"庄稼人"指的是没有土地的长工。

魁奈还详细论述"中国的法治专制主义"命题的核心依据，即中国的"基本法"（宪法）。他依次列举基本法的出处为自然法（天道），"神圣的"第一层级的五部经典（《诗经》《尚书》《礼记》《周易》《春秋》），以及第二层级的六部经典（《论语》《孟子》《大学》《中庸》《孝经》《小学》）。

另一方面，他还将中法两国的税收体系进行了比较和评价。

在欧洲有一个王国，它还没有认识到农业的重要性，或者说没有认识到为了准备耕地而需要投资的财富重要性。在那个国家，农夫被看作是单纯的庄稼人或劳务者，他们的地位甚至低于城市平民。相反，在中国，对农业始终怀有尊重之心，从事农业生产的人一直受到皇帝的特别关注。我们甚至没有必要在这里对这些治理者继续给予他们的特权进行详谈。[139]

魁奈还就第二关心的中国商业问题进行了详细说明。中国是各种产品得以良好循环的"商业国家"。官方对外贸易（朝贡贸易）高度发展，私人对外贸易只限于形式。可魁奈却将此误认为是对于对外贸易的限制，把重视农业与限制对外贸易的原则在《经济表》中结合起来，致力于击退"当之无愧的敌人"——重商主义，忽视了中国对外贸易日益发展的结构和规模，轻视了商人们的对外贸易可以刺激国内产业的生产性和品质提高的休谟和斯密命题的正当性。

另外，魁奈还对孟德斯鸠对中国的指责也进行了缜密而卓越的辩驳。

我国政治著作家对中国君主专制或绝对权力十分反感，并大加渲染。孟德斯鸠还特别对中国政府进行诡辩，其中包含着非常巧妙的偏向性评价。正如鞭子和重体力劳动在不同的王国为同一目的所做出的贡献一样，在中国，棍杖是对犯法者的刑罚。哪里有没有刑罚的国家？……在中国，欧洲商人无法深入内部，因此孟德斯鸠无法获得商人的证词来支撑自己的观点……孟德斯鸠质疑的是中国人的品德，只是，那些只从事对外贸易的商人对品德的批评，是否为公平的标本？商人能否代表农夫和其余居民？能否以其他公民的品德，特别是那些从事受国家保护的垄断事业，即对外贸易的人为样本来正确判断其他公民的品德？[140]

对于孟德斯鸠提出的中国暴政的证据——中国皇帝对三个皇子的宗教迫害嫌疑，魁奈也像伏尔泰一样予以适当反驳。"皇帝对基督教非常宽容。据闻，这些皇子让皇帝很不高兴。他们为对抗皇帝搞阴谋，几名耶稣会传教士被牵连到这一事件。这个事件是单纯的政治事件，不必深究其动机。在这个帝国中，对宗教教义的残暴行为几乎没有发生过，难道这位皇帝不是中国推崇的圣君之一吗?"这里,魁奈虽言及中国的宗教自由,但不敢将其适用于欧洲,而是像伏尔泰一样批评了基督教的独断并主张法国和欧洲的宗教自由。

另外,魁奈也有力地反驳了孟德斯鸠所谓"中国皇帝即使治理不好也不会担心来世审判"的诽谤。

如果说孟德斯鸠比中国皇帝更幸运,足以开化宗教,那么他就是肯定了这些君主坚持的自然法和来世信仰。中国皇帝深知,如果统治不当,就会立即与帝国失之交臂。[141]

对于前文提及的"中国的气候和中国女性的高生育率"这一孟德斯鸠的无理推论,魁奈辩论道:"人口数量只有在优秀政府的统治下才有可能得以积累。只要多留心这庞大的人口数量,就能揭开中国政府的神秘面纱。数量庞大的百姓和坏政府在世界上任何一个王国都无法共存。"

孟德斯鸠还曾更进一步指责道:"即使抛弃了婴儿,中国的人口依旧不断增加,因此为了生产粮食,必须不知疲倦地工作。消除人们心中的不安感,让所有人都能工作,这是政府常常关心的问题。因此,与其说政府是市民政府,不如说政府是家庭政府。因此中国才能诞生出完备的法律。"[142]对此,魁奈尖锐地指出这是孟德斯鸠本末倒置的问题点。

孟德斯鸠称,庞大的人口数量使得中国政府缩小为"家庭政府",并计算出了确保居民生计所需的法律。他无法打破这样一个事实:庞大的百姓数量,不仅缘于一个优秀政府。他早就应该清醒地认识到,回溯中国历史,这些优秀的法律在遥远的过去就已经被确立。[143]

总的来说,魁奈批评孟德斯鸠"针对现存最古老、最宏大、最富有人性、最繁荣的政府,编造出矛盾的语言",他在各种主张中表现出的混乱推理不得不让人产生怀疑。

中国政府为什么引起孟德斯鸠那么多精神的混乱?究其原因,他的精神完全被一种专制主义所支配,把专制主义全部看作是暴君统治下肆意妄为的政府。[144]

《中国的专制主义》最后一节中,魁奈将讨论转向法国,进行了总结。他的重农主义政治哲学是这样的:

> 宪法是对人类最有利的遵循自然法则的法律,包括自然宪法或道德宪法。自然宪法是政府的基础,意味着在对人类最有利的自然法则内发生的,所有自然事件的规范化的推行。道德宪法则意味着在对人类最有利的自然法则内发生的,道德行为的规范化。这些法律被称为自然法。这是一部被融入社会的法律,人们在法律的引导下不断进行再生产和分配过程,获取必要的财富;这是一部被自然的造物主所确立的永久法律。[145]

魁奈的理想政府是排除所有民主"混合宪政"的仁君的君主政。"权威在决定和运行中必须独一无二,不偏不倚,强制所有公民遵守法律,要防止大众对大众的权力、弱者对强者的权力,以及来自王国内外敌人的不正当的侵犯、横夺、压迫,必须统一在独揽大权的君主之下。"因此,他把中国这种开明专制政体当作一种理想。

魁奈想到了向老百姓传授自然法则和自然法的问题。为此，首先要"设立学校"。他感叹道，"除中国之外，其他所有王国对于教育是政府所必备的基础这一点一无所知"，并承认了中国独有的教育制度已经普及这一事实。后来，中国的国民平等教育通过魁奈被传给了杜尔哥，成为被引入法国的一个契机。而后再次被传授给政治家兼数学家尼古拉·德·孔多塞（Nicolas de Condorcet），为法国革命时期普通教育制度的形成奠定了基础。

魁奈认为，启蒙主义的"启蒙"与普及自然法则和据此划分道德的中国教育制度普及是同时发生的。国民的宪法是自然法则的法律，而现行法律只不过是将该自然法转移到政府的政治意志上而已，所以国民的宪法不是人类的作品，而是神迹，因此，用中国的方式教给统治者和被统治者即为"启蒙"。"这个顺应自然法则的庞大帝国是安定的、恒久的、不变的。堪称政府的典范……我们应该将中国政府的'恒久性'视为稳定的内在秩序的德泽，而不是特殊的环境的福庇。"[146]

魁奈在《中国的专制主义》的结尾处阐明了上述内容。

"我的摘要"阐述了建立在自然法则基础上的中华帝国的政治、道德宪政体制，它仅是一篇关于中国基本国策的摘要，而中国的政治和道德具有可以成为世界所有国家模范的宝贵价值。[147]

这使中国哲学在法国取得了全面胜利，法国的革命哲学也得以完成。

中国是
魁奈的理想国

《中国的专制主义》与魁奈早期的著作相比毫无新意。他只不过是将之前一直默默应用于各种书籍的中国相关知识,一股脑地写进了最后一本作品里。不论他过去在著作中隐藏得如何滴水不漏,通过最后的著作《中国的专制主义》,我们不难发现他的著作理论基础并非是希腊哲学,而是中国哲学。

第一,魁奈对中国哲学的评价高于希腊哲学。正如前面提道的,"《论语》的问答……充满了凌驾于希腊七贤之上的原理和道德命题。"另一方面,魁奈几乎没有引用过希腊和罗马的著作,还对罗马的统治哲学做出了较低的评价。不仅是魁奈的拥护者,也有许多欧洲启蒙主义者对孔子的崇拜越来越深,反希腊倾向越来越强烈。他们也对中国多个世纪以来百姓安居乐业的事实表示钦佩。

第二，魁奈的一些特别想法，大多数来自中国事物，同一时代有人对魁奈提出以下指责。

不要以为自己的想法很新潮，农业是财富的唯一来源这一理论，早已被苏格拉底、伏羲、尧、舜、孔子所运用。[148]

第三，在魁奈发表《经济表》的两年前，路易十五在魁奈的提议下，以中国皇帝为榜样，在春耕期开始时，举行亲手犁地的庄严仪式。这是路易十五对重农主义的唯一正式表态。这证明，魁奈早就对中国抱有充分的热情，甚至鼓动国王来模仿中国皇帝。此后，法国皇太子也亲手拿起小犁模型进行耕田活动。这一活动旨在表明皇太子对法国农民的认同感，承认其功劳。画家们将此事件记录成画，诗人则用诗文赞扬君主。1769年，奥地利的约瑟夫一世（Joseph I）亲手使用犁耕种了一块土地。[149]

综上所述，魁奈在经济学领域代表了中国政治经济制度和孔子的哲学，并由此开创了近代政治经济学。魁奈并非单纯为了正当化自己固有的欧洲理论而借助孔子和中国的现实案例。他试图以中国的农本主义和自由商业论为基础，解决法国固有的"laisser-faire"，即自由放任主义的需求，将西方固有的自然法思想与中国特色相接轨，从而成就以孔子的无为主义思想为基础的自然法则型政治、经济哲学的变形，并由此创造新的思想——重农主义。

美国思想家沃尔特·戴维斯（W.Davies）曾断言"中国是魁奈的理想国"。[150] 不仅是因为魁奈的言行风格，更是因为上述原因，魁奈在当时被誉为"欧洲的孔子"。他的弟子们早在《中国的专制主义》出版前就已用此来尊称魁奈。虽然在终稿中被删除，但在《中国的专制主义》的初稿中，其实包含了几页关于孔子生平的文字。从这些事实可以判断出，弟子们和同时代的人们赋予魁奈的称号，并非是单纯地在表达魁奈对孔子的友好情感，而更有可能是源自魁奈自己的自画像。

1774年，在魁奈的葬礼追悼词中，弟子米拉波将老师与孔子联系起来，称颂内容如下：

孔子的全部教诲是，上天给予的人性会因人的无知和感情而变为黑暗，所以，人应以回归初创的光明、初创的美好回归为目标……在这个以虔诚的道德为荣的皇冠上，不可能添加任何东西。但是用行动实践最本质的部分，也就是把它绑在世上顶点处的事物还依然存在。这便是老师的责任。[151]

此时，继承魁奈重农主义的亚当·斯密的《国富论》也完成了七八成。斯密想，如果魁奈还活着，就将那本书献给魁奈。在理论层面上，魁奈的重农主义直接从休谟、斯密等英国哲学家和瑞士哲学家手中进口。但是，从实践层面来看，自由主义的重农主义超越了卢梭和法国革命，以及亚当·斯密的英国，在当时欧洲一个贫穷国家瑞士首先得以实现。

如今，瑞士是世界公认的富有国家。18世纪时，究竟是什么样的文明交流使得瑞士从最落后国家跃升为最发达国家的呢？现在让我们来回顾一下那段历史吧。

瑞士,
欧洲最穷国家变身世外桃源

如今的瑞士,拥有800多万人口,人均GDP达到8万美元,平均寿命为81岁,可谓世外桃源、人间乐土。世人都知道瑞士也有总统,但却不知道他究竟是谁。因为是由联邦议会选出的7名内阁成员每年轮流担任总统职务。瑞士总统在没有警卫的情况下乘坐地铁或骑自行车上班。卢梭的理想是"在国家处于紧急状况时,可以卖掉自己的豪华马车,步行参加内阁会议的领导者",但在瑞士,平日里总统也会骑自行车出行。

和孔子的经典著作相比,老子的《道德经》很晚才传入欧洲。直到1750年左右,其拉丁文译稿才出现,并在知识分子中流传,直到1824年《道德经》的四节才全部被译为德文出版。因此,直到19世纪,老子才和孔子一起成为欧洲思想界的双璧。18

世纪后半叶和19世纪初,老子的思想自然也传入了瑞士这片思想最为自由的国度。

老子在《道德经》中说:

太上,下知有之;其次,亲而誉之;其次,畏之;其次,侮之。[152]

庄子也说,"上如标枝(君主就像高高的树枝)"。老子和庄子所说的老百姓仅知存在的伟大统治者(政治家),跟孔子所说的尧帝和舜帝一样,是指无为而治者。

司马迁也秉承孔子的这一无为而治理念,将统治者划分为五个等级。

故善者因之,其次利道之,其次教诲之,其次整齐之,最下者与其争。[153]

瑞士的爱国人士通过18世纪末到19世纪初的思想改革,将瑞士改变成"高高的树枝般的统治者"或"追随百姓的统治者"所领导的知德之国。

瑞士于1648年成为独立国家,1815年被公认为永久中立的联邦国家。在17、18世纪时,瑞士还只是个贫穷的小农和小商工人占主流的偏远山区国家。本国青年甚至会被卖到周边国家当雇佣兵。但是,18世纪中后期开始接触无为思想和重农主义之后树立了新的国家理念,经历过拿破仑一世(Napoleon I)的入侵和内战之后,瑞士于1848年通过新宪法成为新的国家。

素有"中国消息通"之称的荷兰人,17世纪时一直向欧洲提供大量有关中国的新消息,但却无法解读无为这一信息。相比之下,法国重农主义者虽然解读了"无为"这一信息,但却未能成功地通过这些信息从根本上变革法国经济。因为随着法国革命氛围的急剧成熟,孔子儒家哲学及重农主义开始被民族主义及新重商主义革命所排斥。但在重农主义趋势结束之前,"无为国家"的突变在阿尔卑斯的小通道国家瑞士的心脏扎下了根。

瑞士是最终实现欧洲传统惯例和东方思想结合的地方。这个面积虽小但具有决断力的国家接受了魁奈的重农主义,以更具中国特色的无为而治进行转型发展,并以此为基础进行国家改革。正是在荷兰和法国跌倒的地方取得了成功。

18世纪,主导瑞士思想界的是曾对中国热情高涨的荷兰和法国新教徒胡格诺教徒们。1685年,保障信教自由的路易十四南特敕令被废除后,2.5万名胡格诺宗教难民移居至瑞士的大部分地区,瑞士全境经济、文化展现出活力,在《百科全书》上投稿的7名瑞士学者中,就有5人是胡格诺二代。自18世纪中期以来,以魁奈著作为首的法国重农主义著作大部分出版自胡格诺教徒聚居的瑞士伊韦尔东。魁奈为了躲避法国的审查,将原计划在北京出版的全集《重农主义》也拿到瑞士出版。伊韦尔东是当时欧洲政治、思想最为自由的城市。

瑞士的许多地区曾经非常亲华,也因此强烈吸引了法国重农主义者们。自从1759年成立倾向于重农主义的"伯尔尼经济学会"以来,他们对这些地区的关注度日益增强。魁奈的弟子米拉波于1760年游历伯尔尼时发表了以下讲话:"尊敬的市民们,即将销声匿迹的所有知识碎片,在大家的庇佑下,在这个国家得以保护,这些知识定然会成为未来的知识瑰宝。"[154]果不其然,他的这番话就像先知的预言一样,在这片土地上结出硕果。

18世纪瑞士的阿尔布雷希特·冯·哈勒（A. Haller）等著名瑞士学者们，大部分都是重农主义的忠实粉丝。哈勒是生理学家和作家，曾三次连任伯尔尼经济学会主席，任期长达9年，他被米拉波和沃尔夫等亲中国派的作者及其著作深深吸引。哈勒以丰富的中国相关知识为武器，与反重农主义者进行了激烈的斗争。当意大利经济学家加利亚尼（F.Galliani）主张农业的出口能力比工业弱时，哈勒以中国农民的企业化农业趋势为例，责难加利亚尼忘记了"中国农民向伦敦出口丝绸的事实"。[155]回想当今荷兰、丹麦、澳大利亚、新西兰、瑞士、美国农业的世界级竞争力，这的确是非常恰当的言论。

1771年，哈勒以中国皇帝和经济制度为原型写了描写乌托邦国家的政治小说《右松（Usong）皇帝：某一晨之国的故事》。他在这篇小说里提倡像中国一样以农本和民本为基础的同时，视工商业为与农业同等的国富来源，且两者兼保的"无为国家"。虽然这部小说的背景是波斯，但哈勒作品中的皇帝"右松"被刻画成孔子理想中的"无为而治"的统治者，他是成为法律和官僚体系之基础的绝对权威的人格体现，静静地停留在"无为"状态。

税收制度也从中国照搬，主要基于土地征税，以间接税为辅助。而进口关税作为唯一的间接关税总是被固定在最低水平。因为右松皇帝的愿望是振兴农商业，而不是从商人手中抢夺财富。因此，右松皇帝把农业作为国家的基础，在给予最多关注的同时，也十分重视工商业。右松的重农主义政府不是忽视城市发展，而是为确保帝国百姓有额外的福利，兼顾城市中心的相关福祉。因此，哈勒选择中国为最佳政府模板，并以赞美"无为"是仁厚且成功的统治工具作为小说的结尾。

在这里很重要的一点是，城市工商业能力被加进了哈勒的理想国家论。与全盘接受中国农本主义的魁奈重农（农本）主义模式不同，哈勒的经济模式就像司马迁的农商皆本主义模式一样，承认以城市为中心的现代工商业主义是欧洲无为国家的要素。瑞士得益于自由贸易传统和高度工业化，比较容易接纳工商业的无为而治。魁奈的重农主义虽然有助于改变以农业为主且独裁专制的法国，但并不适合农业与工商业并驾齐驱的瑞士。

1798年，由于拿破仑的入侵，瑞士一度陷入无政府状态，在拿破仑没落后，根据哈勒的右松帝国模式重新组建成了联邦共和国。1815年在维也纳会议上则成为永久中立国。如此立足于右松模式改造的19世纪初的新瑞士联邦国家，在大力支持自由贸易的同时，坚持农本主义。[156] 18世纪40年代内战后制定的宪法，基于这一"双重包容"，成为城乡一体化和工商业自由主义，农业宗教（天主教）和社会福利并重的最佳策略。

就像司马迁的《史记·货殖列传》中介绍的计然的自由市场政策在10年后使越国富强了一样，1771年产生的哈勒农商皆本主义无为模式，仅用十余年，就将1810年再次立国的瑞士打造成世界一流国家。在维也纳会议上被承认为永久中立国的瑞士，仅仅十五年间便取得了令人瞩目的发展，成为欧洲的世外桃源。

瑞士在欧洲率先实现自由市场并取得巨大发展，这在世界历史上是具有划时代意义的事件。瑞士将农业繁荣与产业繁荣，农业无为与商业无为相结合起来，英国政治家理查德·科贝登（R. Cobden）最先了解并赞扬瑞士这一"独特混搭式"的惊人成就。1834年6月6日，他在日内瓦写给弟弟的信中惊叹瑞士人是"世界上最富有，最幸福的百姓"，并表示瑞士得益于自由贸易，所有制造业领域都很繁荣，农民都是实实在在的"金主"。他惊叹，这里存在着比他想象的"更为先进的有品位的农业生活"。[157]

第五章 欧洲的孔子——魁奈，近代经济学的开创者

对瑞士经济的这番惊叹，对19世纪自由主义模式的追随者们而言是非常普遍的。甚至主张贸易保护主义的德国人弗里德里希·李斯特（F. List）也对瑞士的飞速发展感到震惊。小国瑞士现在成了欧洲的典范，它使原本停留在理论层面的亚当·斯密的《国富论》立足于英国大地。

对瑞士的发展势头倍感震惊的科贝登回国后立即发起谷物法废除运动。他于1838年成立反谷物法同盟，在主导该运动8年之际终于废除了谷物法。他还主导自由贸易运动与英、法之间的通商条约签订事宜，于1860年获得成功。英国和法国整整晚了40年后才允许自由市场的运行。

综上所述，瑞士的"无为国家"模式逐渐将整个欧洲变成了"无为帝国"。欧洲终于直接或间接地采纳了孔子儒家哲学，创造了"一个巨大的近代欧亚经济理论"，"无为思想的欧洲传播由此得以实现"。[158] 如今，瑞士人均GDP超过8万美元，而这样的经济富强正是基于以中国为榜样的18世纪20年代经济改革。

经济学家H.C.Gerlach一直研究孔子儒家哲学对瑞士的影响，他在2004年发表的论文《欧洲的无为》中，将瑞士介绍为"小中国"。

结束30年恐怖战争的200年后，西部欧亚的山区为实现百姓的福祉，创造出一幅和谐统治的新蓝图。如今我们非常清楚，若没有"无为"思想的传播，这一切绝不会发生。[159]

对我们东亚人来说，H.C.Gerlach这番阐述令人感到不可思议。今天，到欧洲旅游并羡慕瑞士的亚洲年轻人中，能有几人知晓在这番繁荣景象背后有着瑞士人对东方文化的积极吸收。在开

化时期东西文明更迭期间,日本为了摆脱亚洲而效仿欧洲,采取了所谓的"脱亚入欧"政策。在此后很长一段时间,亚洲的价值被贬低,欧洲成为憧憬的对象。借此机会,如果正确理解欧洲近代文明的实质是东方哲学思想,西方盲从主义者们便会失去立足之地。东西方文明始终是相互交织的,而思想也是相互交流、相互交织的。

第六章

英国，低调而迫切地接纳孔孟哲学

现代英国的经济学家莱利斯·杨格（Lesley Young）断言亚当·斯密的自由市场经济学为"中国产"。斯密的"看不见的手"只不过是魁奈、杜尔哥等法国重农主义者们从中国进口的司马迁的"自然之验"概念的另一种体现而已。

在欧洲的多个国家里，英国是最具思想与言论自由的国家。关于支配讲坛的经院哲学，早有很成熟的对峙经验论，所以17、18世纪的英国知性学界并未像法国那样对孔子过分狂热，或像德国一样呈现出独断的偏见。他们始终保持均衡的视角，并低调而迫切地予以肯定。他们积极响应中国热潮，同时进行变革，从根源上摆脱基督教的影响。17世纪的英国人曾备受"光荣革命"以前的绝对王政、内战、奥利弗·克伦威尔（O.Cromwell）的军事独裁性贵族共和国的困扰，对孔子儒家哲学与中国国家制度表现出极大的关注与深深的尊敬。

自17世纪初的培根与霍布斯以来，18世纪英国哲学界在或明或暗两个方面皆受到孔子思想的影响，开展了经验论与合理论之间的思想斗争。前面也阐述过，重视感性、感情、经验与德性的约翰·洛克、艾萨克·牛顿、孟德维尔、沙夫茨伯里、弗兰西斯·哈奇生、乔治·贝克莱、大卫·休谟等人就是当时的代表性经验论者。他们的对手是以理性与知性（知识）为中心的柏拉图主义与亚里士多德主义的知性主义合理论者。在这样的氛围里，孔子儒家哲学的经验论与德行主义成为英国经验论的决定性援军，彻底渗入大卫·休谟与亚当·斯密等的哲学思想中。

英国绅士
羡慕中国儒生

在启蒙主义时代,多佛海峡并不能成为思想传播的壁垒,无数法国书籍传入英国或被翻译成英文出版。

1669年,英国作家兼建筑师约翰·韦布在著作《中国的悠久性》里盛赞孔子为"中国的柏拉图",并谈及仁的概念。

时至今日,存在于公元前500年的孔子仍然深受爱戴,这在除了中国以外的任何国家和任何民族群体中都是闻所未闻的。如果世上的某个君主根据正确、理性的命令与政治原理执政,那一定是中国的君主政治。[160]

当时最优秀的政治家威廉·坦普尔也曾经如是说:"中国的

制度在世界任何宪政体制中都是独一无二的，绝对的清醒与智慧才能创造出这些伟大的制度，这样的制度在中国不胜枚举。"[161]

在英国的思想家群体中，对中国哲学最为着迷和惊喜的是支持自然宗教，反对启示性宗教的自然神论者。他们认为中国儒家思想从根本上与自己一致，并为了证明这一点，经常以孔子儒家哲学作为例证。

自然神论者们按照其鼻祖——诗人兼哲学家胡佛的思想，排斥教会制度与基督教式的启示，并相信基于人类内心深处的"理性之光"——自然宗教。他们甚至主张《旧约圣经》并非是历史最悠久的宗教内容，也并非是神唯一的话语，只不过是众多宗教真理源泉之一。

后来，博学多识的自然神论者马修·廷德尔（M.Tindal）认为孔子的道德性教诲跟基督的教导是对等的。孔子的教导与其说基于神的启示，不如说是基于合理的依据，他始终强调这一事实，并支持类似的见解。他对莱布尼茨的想法表示赞同，认为中国应该向欧洲派遣传教士，并做了如下宣言：

孔子与耶稣基督的格律（伦理学准则）并非是相异的，甚至孔子的格律更加简单明了，有助于解释耶稣模糊的格律。[162]

耶稣会神父介绍的中国伦理非常符合欧洲自然神论者的胃口。当时的自然神论者们相信"完美的道德"即使没有得到神的启示也能凭借人类的自然能力显现。

从"光荣革命"以前的17世纪中后期开始，英国的绅士阶级，即绅士上流阶层们就对中国的卓越制度感到赞叹，比较有代表性的是万民平等教育、三阶段教育制度、科举制度、官僚制度。从中国传来的信息有力地支持了政府公职只能依据公认成绩的设想。柏拉图与托马斯·莫尔也曾提及过这一设想，但那终究只不过是空想而已。可在中国居然能成功实践了1000多年，那真是非常惊人的事情。当时英国的代表性文人约翰逊（S.Johnson）曾说过："高贵与知性相宜，掌握的学问越多身份就越高，根据德行和能力的水平晋升，世界上居然有这样一个国家，委实让人感到惊叹。"[163]

中国的科举制度给英国绅士们留下了非常深刻的印象。他们认为英国国王根据长官的个人举荐任命行政部人事的任命方式助长了腐败滋生。而中国的人事任命方式，使得公职人员不能轻易谋取私利，因为是否能够获得公职，取决于在严格监督下进行的科举考试结果。作家兼政治家尤斯塔斯·巴杰尔（E.Budgell）在《写给克莱奥梅尼的书信》中表示："中国的公职候选人们参加难以想象的严格考试。他们被关进隔离的单间，为了防止考试时受到朋友们的帮助，无数军人严密把守着考场。考生提交的答案，由严格筛选出来的官僚们在皇帝面前公正、公平地检查。"尤斯塔斯·巴杰尔认为考出好成绩就是公职候选人所显现出的教养与应具备的资格。"公职候选人需要自行证明自身精通汉语、中国历史，以及孔子经典。此外，考生还要用在极其严苛的标准下写作或口拟政府文件和法律。"[164]

英国绅士们尤其佩服中国的内阁制君主立宪制。中国的王权受到民本主义、礼治与德治主义、谏言与上诉制度等两三重牵制。从明朝开始内阁的权力分立式议政权也代替宰相发挥王权牵制作用。①这与《论语》中尧舜两位王"有天下也而不与焉"的拥有与治国分离原则相辅相成。保障东亚繁荣的这一分权式君主立

---

① 中国的这种内阁构成相当于朝鲜朝廷的议政府。

宪制，给让·博丹（J.Bodin）与霍布斯的绝对主权论以来始终认为权力不可分割的欧洲人带来了极大冲击。如今，大部分人认为西方的议员内阁制度在先，但其实内阁是源自中国的政治制度。

1679年，坦普尔大臣计划以中国内阁为基础，试运营枢密院内阁，英国内阁制由此萌芽。当时，对查理一世与二世的绝对主义与克伦威尔的共和主义独裁感到厌恶的英国人，在中国发现了新的解决办法，并于1688年通过"光荣革命"，最终形成了英国特有的议员内阁制君主立宪制。由此，孔子的"有而不与"原则变成英国的"君王统而不领"（The king reigns, but does not rule）的不成文规定，一直延续至今。

英国的地主阶级绅士与中国学者君子，在其他方面也非常类似。正因为如此，英国的绅士们对中国更为着迷。当时，中国大体上靠农业创造财富，而当时的英国也是以农业为中心的国家。中国的君子入仕，而英国的绅士参与议会或地方政府（州）的行政工作。两者皆传统而自由，并接受传统教育。乔治一世（GeorgeI）在位的1714—1760年，英国国教逐渐式微，众多问题屈服于政治判断。16世纪中叶，英国绅士阶层教育包括西塞罗的人本主义与通往自然神论的宗教学习，中国的君子教育从内容上看也与此类似。两者均要求对历史、文化、政治等有广泛的涉猎，因为这些是培养领导力所必需的科目。

君子或绅士阶层是名副其实的政治家。英国由国王统治，而中国由皇帝统治。事实上，无论是国王还是皇帝均受到道德与法律权威的牵制。英国人认为就像英国的国王权威是合法的一样，在中国牵制皇帝滥用职权的学者官僚们的权利，也从根本上具备道德性与客观实在性。之所以这么说，是因为中国的学者们均精通孔子的伦理学。沃泽尔（Wurzel）曾说："在中国，皇帝是绝对掌权者，但他的所有行为其实是受到充分牵制的……根据中华帝国的基本法律规定，官僚们应该敬重皇帝，但允许用非常明确的言语谏言皇帝哪些行为是不对的。所以我们确信，只要他们认为攸关君主的名誉与国家的福祉，那么他们定会利用这个特权。"

在英国，从在野士绅阶层的视角来看，执政士绅阶层（部长与宫廷心腹）因为在国王面前争宠，所以是腐败的。尤其是到18世纪中叶，因为金融革命，金融资本急剧增长，国王的心腹与部长们随之与金融界勾结。最终，金融界根据朝廷的要求，用金钱蛊惑议会议员们，使之成为亲朝廷议员（如今的执政党议员）。在野党议员们将此也视作是一种腐败。金钱开始替代知识、德行、爱国情感控制社会。以英国议会为中心的在野绅士阶层们日益艳羡中国。"中国看似不会受到金钱的控制。在皇帝赋予的公职中获得晋升的资格并非来自财富，而是源于学识。因此英国的有识之士，即在野士绅阶层将中国的高层官僚'满大人'当作对应群体。"[165]

在这样的氛围中，奥利弗·哥德史密斯（Oliver Goldsmith）于1762年以到英国旅行的中国人这一假想视角撰写《世界市民》。同一年，一位匿名作者在伦敦出版了有关中国政府农本主义政策核心信息的《1747年与1748年的东印度之旅》。

由此，中国思想在英国的启蒙达到了顶点。以大卫·休谟与亚当·斯密为代表的苏格兰出身启蒙主义经验论者们，创造了在所有启蒙主义作品中最伟大的"自由主义政治、经济思想"。在孔子儒家哲学与中国政治模式的直接和间接影响下诞生的苏格兰自由主义思想变成现实后呈现出来的第一个作品就是1776年诞生的"美利坚合众国"，第二个作品是世界工厂兼世界政治中心的维多利亚统治时期，即1837—1901年的"英国"。

打造最庞大民主国家的休谟

1750年,苏格兰已有75%的市民会读书写文章,可以说这是一个惊人的知性社会。如果说当时英国是欧洲最自由的国家,那么苏格兰则为整个欧洲知识氛围最为浓郁的地区。

大卫·休谟(D·Hume)和亚当·斯密都来自苏格兰。两人属相相同,斯密是比休谟年龄大12岁的同乡前辈。休谟与哈奇生、斯密、托马斯·里德(T.Reid)、亚当·弗格森(A. Ferguson)等人,都是苏格兰启蒙主义的代表学者。

虽说和其他国家相比程度较轻,但英国和苏格兰地区也存在着宗教对学问及艺术的压迫和迫害。英国神职人员不断针对哲学家的著作和见解挑起是非,甚至在18世纪中叶,将休谟的哲学打上了无神论的烙印。他们挑起宗教情绪对休谟进行人身攻击,但在当时这属于合法程序。制定处罚无神论者法规的西方国家,与同时代享受各种宗教、精神、经济自由的东亚国家相比，显得十分野蛮。

休谟是最早缜密地分析中英君主立宪制和分权制度的哲学家。通过中国政治制度的实例，一扫欧洲长期以来"绝对君主政治必然存在于大国，民主政治只能存在于小国"的偏见，从此开辟了民主主义的新道路。1742年，休谟在《艺术与科学的兴起与进步》一文中，做了如下分析：

> 由于庞大的人口和领土，中国随时都有可能在遥远的国土上发生中央军队难以顾及的频繁叛乱，刀总是握在百姓的手里，因此，中国频繁地发生革命性民乱，为了防止这一叛乱，历代君主不得不在普遍法律保障的牵制下，使直属官员和地方首领臣服于他……中国的君主政治具有王道权力带来的平稳和群众集会的中庸和自由。因此，这不单纯是绝对的君主政治，而是所有政治体制中最佳的政治制度。[166]

如上，休谟正确地指出了大国的庞大性、抵抗的自由性，以及统治权的局限性之间的相互关联。

在拥有庞大领土和巨大人口的中华帝国，很难形成独断的独裁专制和多数国民聚集的势力。反之，小国人口密集，空间狭小，稍不留神就容易被统一，被少数人所摆布。即使引入民主政治，也很难摆脱多个派别嚣张跋扈的破坏。休谟由此得出划时代的定论：比起小国，民主政治反而更加适合大国。

休谟将从中国得到的这个结论应用于美国，于1752年发表《完美的共和国理念》一文。对于领土庞大的美国来说，权力分立的民主政治是颇为合适的。"小共和国单纯看内部，可能是世界上最幸福的国家，因为所有的事情都在统治者的掌控之中。但这个小共和国很容易受到外部势力的侵袭而被征服。"[167] 因此，休谟提议，建立一个"兼具大共和国和小共和国两者优势"的庞大联邦国家。美国建国之父詹姆斯·麦迪逊（J.Madison），在1787年12月8日发表的《联邦条例第19号》中直接引用休谟的文章，主张美国宪政应该是一个权力分立的民主政治。[168] 由此，诞生了人类历史上最早的、最庞大的民主国家。可以说，如今的世界代表性民主国家——美国，其诞生也受到了中国的影响。

休谟还熟知中国文化和孔子权威，通过多种途径接触到孔子儒家哲学和中国文化。他擅长拉丁语和法语，还学过意大利语。1734年至1737年，他在法国昂热、里昂及拉弗什居住了三年，写下了《人性论》的草稿。1747年至1748年，休谟在奥地利维也纳和意大利都灵担任外交官。特别是在拉弗什期间，他阅读了大量书籍，也结识了很多人。17世纪初笛卡儿与17世纪末白晋都曾就读于耶稣会所属的拉弗什学校，该校拥有4万册藏书，休谟经常出入该校图书馆，阅读一些新奇的著作，并在那里结识了"具有丰富才能和学识"的耶稣会神父们。当时，许多耶稣会的神父都曾参与向法国介绍孔子儒家哲学和中国文化，并引发讨论。

据说，休谟还付出了很多努力才得以与拉弗什和费内隆见面。正如前面阐述的那样，费内隆公布了"超越"孔子儒家哲学的希腊哲学的优势，设定了孔子与苏格拉底的虚拟对话，认为他是会令孔子惨败的人物。哲学家拉姆齐（A.Ramsay）是费内隆的忠实弟子，他曾积极推荐休谟担任他编写的《中国书刊》一文的英文译者。

正如此，休谟与孔子儒家哲学有着密切的关系。虽然他按照自己的方式接受了孔子儒家哲学的信息，但并不同法国的合理主义者一样认为中国是理想乡。相反,在评价中国道德文化卓越性的同时,他冷静地分析了中国的现实。

中国在礼法和学问方面取得了很大的成就,使用统一的语言、统一的法律,并以统一的方法达成民众共识,是一个庞大帝国。因此,孔子等圣贤的权威很容易在国内传播。[169]

休谟在后来的《论国民性》中说,中国文化的同质性、齐一性(均匀性,uniformity)的原因,就在于中国历史与思想的悠久性。

一个非常广阔的、经过许多世纪才建立起来的国家,在它的整个国家传播了民族精神,并且在每一个领域都传播了相似的行为模式。因此,中国人在极庞大且相异的领域内,拥有我们所能想象到的最极限的齐一性。[170]

在这里,休谟发表了与孟德斯鸠气候决定论相反的立场。他认为,广阔国家的悠久性,使得文化与国民精神散发出相似的光芒。

但是休谟的这种中国观,实际上是由于对中国的信息掌握不足所导致的过度简单化。在中国,儒学、佛教、道教、景教(聂斯脱利教)等不同思想和宗教曾展开历史性的角逐。训诂学、理学、心学、考证学、实学等儒学的各种流派及春秋战国时期诸子百家的遗产等文化和学问要素也存在着多样性与差异性。另外,春秋战国以来,中国大地在历史长河中始终是有众多民族的多语言、多文化并存之地。因此,频繁地发生革命和王朝更迭,导致了中国王朝特有的短寿性（长则300年，短则15年）。由于这些问题常常被忽略，所以休谟没能理解到中国文化最深层次的精髓。

但是考虑到当时的情况，休谟还算是有着比较均衡的中国观念。他将中国视为虽没有像英国一样的西方自由政府思想，但具有其他优点的国家。因此，在前面的引文中曾提道"中国的君主政治具有王道权力带来的平稳和群众集会的中庸和自由"。1752年，他在《商业论》中将中国描述为"世界上最繁荣的帝国之一"。

另外，在当时批判教会神灵蒙昧的思想脉络中，他表达了对东亚人脱离宗教的世俗生活的向往。他在《迷信与狂热》一文中，盛赞"中国的儒生"是"宇宙中唯一的自然神论者的正规团体"，并羡慕道"中国的儒生团体没有任何一位神职人员，也没有任何教会组织"[171]。

1763—1764年，休谟与法国代表性的亲中国学者魁奈会面，并进行了详谈。当时，休谟是英国驻巴黎大使的秘书，是撰写《人性论》《人类理解论》《道德原理研究》的哲学家，也是撰写《政治论考》的政治经济学学者，同时还是出版《英国史》的历史学者。休谟的著作被一一翻译成法语，作为英国外交官和杰出的思想家，在巴黎一跃成为国际名人。当时休谟的存在感在历史记录中也可见一斑："在法国首都，如不与休谟交往，就算是社交死亡"。

在法国首都，不与休谟交往，就算是社交死亡……休谟还受到宫廷社团和所谓的"识字共和国"的称赞。"识字共和国"是由一些有实力的女人经营的沙龙，是法国启蒙主义的独特土壤……在沙龙，休谟是为法国启蒙主义提供动力的批评家、作家、科学家、艺术家和哲学家，即启蒙运动者（philosophes）。他的朋友包括时任"欧洲文化通讯员"弗里德里希（Friedrich Melchior von Grimm），庞大的全集《百科全书》的编辑、先驱数学家让·勒朗·达朗贝尔和多才多艺的德尼·狄德罗。狄德罗将休谟当作启蒙精神的同志，即世界公民……休谟成为《百科全书》的主要财政支持者及撰稿人，还成为热情的无神论者霍尔巴赫男爵的好朋友。[172]

休谟于1765年升任为大使代理，直到新大使上任，五个月期间一直总揽大使馆的工作。

另外，陪同巴克卢（Buccleuch）公爵的长子亨利·斯科特（H.Scott）来巴黎旅行的亚当·斯密也经亨利·斯科特介绍见到了魁奈。正如前文所述，斯密对魁奈十分仰慕，甚至想将后来的《国富论》作为献礼。作为魁奈的莫逆之交和后辈，斯密不仅对魁奈的自由主义和重农主义进行了探讨，而且还就他的中国论与休谟进行了许多交流。

经过坎布兰、沙夫茨伯里、哈奇生之后，英国经验论发展成独一无二的共情道德论，并在孔孟哲学的影响下，由休谟和斯密继续推进。休谟接受了孔孟的共情论，包括恻隐之心与同甘共苦。他的理论中，关于共鸣的沟通能力和仁爱之心的部分与孟子的思想非常相似。比如，与孟子所言"今人乍见孺子将入于井，皆有怵惕恻隐之心（看到要掉落井下的孩子，每个人都会起恻隐之心）"类似，他说"看到被马蹄践踏的人，每个人都会感到痛苦"。

孟子扩充了恻隐之心等社会同理心，使整个精神世界变得更加圆满。同样，休谟也将仁爱之心通过普遍认同能力扩展到全人类的"普遍仁爱",即孔子的"博爱"。

孔孟和休谟的思维结构非常相似,那么这种相似性真的是巧合吗?美国著名学者雅各布森(N. P. Jacobson)如是说道:

> 休谟最核心的概念之一,即普遍认同的理论最初来源于孟子,其成为休谟的几个同时代人,特别是亚当·斯密等主要同时代人的伦理学基础,这几乎不可能是偶然。[173]

也就是说,这并非出于偶然,而是有过非常直接的影响。因何下此定论呢?

在希腊哲学的理性主义传统中,理性是普遍的。相反,感性和情感具有特殊性,不可能普遍化。但孔孟和休谟指的是人性情感与感情普遍性及其扩充。雅各布森说:"休谟是人类生活的根本黏合剂,他被视为人类本性最终依据的'非语言性交互'的哲学连接途径,这不是从地中海逆流而来的,而是继承了从孟子普遍认同的概念发展出的又一个东方传统思想之后发展出来的。"

进而,孟子和休谟都不认为以理性禁锢或压抑感情和欲望,即禁欲是一种品德。相反,他们追求的是将所有的感情和欲望中和,让大家享受快乐。孔孟不讲自私和七情本身的善恶,只依据中庸与否而判断是变得善或恶。而同样,休谟也说:"人的任何素质都不应受到绝对的谴责或表扬,一切都取决于它的程度。"[174]因此,可以看出休谟的道德理论遵循了孔孟之道。

在《商业论》中,也体现出孔孟哲学和中国政治对休谟的影响。他在书中阐述了无为而治的思想是最好的政策,即重视工商业、自由商业论以及适应人类本性的自然政策。

首先,休谟指出,在西方完全没有把商业视为重要国事的传统。直到17世纪为止,欧洲都没有将贸易提升到国家层面。

几乎没有古代政治学者提到这一点。现在不只是思辨推理家,连国家官员都开始对其产生关注,但是意大利人却对此保持沉默。(希腊的历史家)色诺芬(Xenophon)曾提到过"贸易",但他自己也怀疑贸易是否对国家有利。直到近代,两个海洋强国通过与中国和亚洲的贸易实现了国家的繁荣富强及伟大的军事成就,首次向人类展示了广泛商业的重要性。[175]

这句话暗示着,两个海洋强国——葡萄牙和西班牙作为通道,向中国和东南亚派遣耶稣会传教士,这些传教士使得自由商业思想首次从中国传播到欧洲。

接着,休谟发表了将适应人类本性的自然政策作为最佳政策的"无为而治"思想。"主权拥有者应该顺应人类本性,而不应主张使用暴力转变人类的思维原理和思维方式……遵循事物的自然发展规律,产业、技艺和贸易不仅能提升百姓的幸福感,还能增强主权拥有者的权力。"[176]

另外,他还一语道破,随着工商业的发展,中产阶级的形成和增加,将会维持国家的自由和均衡。亚当·斯密对后来的工商业自由成效给予了高度评价,"商业和制造业逐渐建立起社会秩序和优秀的政府……并谋求个人的自由和安全,这是商业所有重要成果中最重要的一点。休谟是我迄今为止所知道的唯一一位看到这点的作者。"[177]

休谟确信无为而治、自由工商业、富国强兵的相互关联性。因此他强调,在商业发展过程中,国家富强和国民幸福这两件事是互相协调的。

第六章　英国，低调而迫切地接纳孔孟哲学

如上所述，休谟在西方的历史和哲学史中展开了史无前例的新自由工商业论。言下之意为，这不可能是西方思想内在发展的产物。正如休谟所言，自由工商业论在17世纪之前从未在西欧存在过，在休谟撰写该文章的1741年和1752年之前也从未出现过。而在1750年代中期的法国，商业监督官文森特·德·古尔内（V.Gournay）公开要求自由放任主义，即"Laisser-faire"。杜尔哥首次在杂志上发表支持古尔内的文章是在1759年。可见，休谟确实没有受到法国人姗姗来迟的主张所带来的影响。但即便如此，也不能勉强将其视为个人天才的产物。休谟提倡能够保障国民人性的自由社会发展原理。他不仅否定了只重视对外贸易的重商主义垄断体制的特权，同时还否定了魁奈主张的纯粹的农业国家。他提倡无差别对待，同样重视农业和工商业、生活必需品和奢侈品、对外贸易和国内商业的无差别自由商业论，以及以此为根基的富国强兵论。休谟的这些主张与孔孟和司马迁的农商皆本主义经济哲学高度吻合。

并且，休谟撰写文章的时间，是在重农主义出现之前。因此，他不仅无法接触到重农主义的自由商业论，其内容甚至与重农主义的核心主张完全背道而驰。为保证经济良好的循环和再生产，重农主义在开展自由贸易且重视农业的同时，也压制了工商业的发展。虽然重视生活必需品的生产，但压制了装饰性奢侈品的生产，与只重视外贸的重商主义相反，休谟主张重视国内商业，限制对外贸易。

1752年，休谟撰写的《商业论》中的第一个脚注，引用了弗朗索瓦·梅隆（J. Melon）于1736年的著作《商业政治论》。梅隆的著作以中国农业、商业、道德、政治等为主导，详细地分析了E. de Silhoette 1729年的作品《中国人的统治与道德相关一般理念》中的内容，并在其他章节讨论了中国的农业和商业。在这样的历史条件下登场的休谟的自由商业论，用先进思想阐释了商业远比法国发达的英国的经济现实。归根结底，孔孟和司马迁的政治、经济、哲学在休谟身上的变形程度少于魁奈，形态更加完整。

比起在18世纪政治一直落后于英国的法国合理主义者和折中主义者，英国的经验论者们对孔孟哲学的狂热程度略显逊色。但实际上，他们比法国哲学家更早、更实际地接受了孔孟哲学，并将其作为他们哲学的根本内容。

克服了希腊哲学和基督教神学的理性主义与知性主义世界观的新哲学，即经验主义近代哲学和政治经济学就是以此为基础创造的。因此，英国人摆脱了希腊和基督教传统，在欧洲最先接受并实现了中国和东亚已享有数千年的学问、艺术、宗教、政治、道德、经济自由。特别是亚当·斯密的道德论和自由经济论，比休谟哲学更加深入地内化了孔孟哲学。

谨慎的亚当·斯密,隐秘的抄袭

大卫·休谟将自己的苏格兰同乡后辈亚当·斯密(A.Smith)指定为法定遗稿管理人。休谟的遗稿中有大量信件和已完成的宗教论稿等。斯密在休谟生前真诚地敬仰他,在他去世后赞美其为"第二个苏格拉底"。他试图挑选休谟留下的信来出版成书刊集,但由于他认为宗教论稿的内容在当时的社会环境里有可能会招致危险,于是一再拖延计划。最终,在休谟去世两年后,这本书才由休谟的侄子以《自然宗教对话录》之名出版。

从这个插曲可以推测出,胆小的亚当·斯密在《道德情操论》和《国富论》中,将当时作为异教哲学的孔孟的影响包装得十分彻底,并加以掩盖、变形和歪曲。实际上,斯密与休谟不同,他不仅没有赞扬孔子,甚至连他的名字也没有提。但斯密直接或间接地比休谟更多地借用孔孟哲学思想,从而推出了自由市场理论。接纳别人的思想，并将其用包装成自己的东西，还不公开出处，这种做法和显然是一种"抄袭"。斯密与魁奈、休谟的理论及孟德维尔的哲学都有关联，但对于从他们的思想中汲取的影响却闭口不提。因此，马克思还指出《国富论》第一章（分工论）中"那个著名的句子（请看在文明繁荣的国度里，最普通的手工业者和打零工的劳动者是如何过活的）根本就是原封不动地抄袭了孟德维尔"[178]。

斯密吸收孔孟哲学和中国政治经济论的途径有三种。

第一，1740—1746年间在牛津瓦利奥尔学院就读时，他广泛涉猎了当时正展开道德论之争的当代法国哲学书籍。那时，他可能也了解了有关中国的讨论和相关书籍。因为在他见到魁奈、杜尔哥和伏尔泰之前撰写并出版的《道德情操论》中，举了不少中国案例，还将伏尔泰的《中国孤儿》介绍为"美丽的悲剧"。

他与了解中国的休谟进行了交流。1748—1750年，斯密在爱丁堡大学担任兼职讲师期间，参加了爱丁堡的多个启蒙主义社团。那时，斯密与休谟相遇，并结下了一生的情谊。通过社团活动和与休谟的交流，他接触到了有关孔子和中国当时最高水平的知识和信息。

斯密与魁奈、杜尔哥和伏尔泰见面。斯密以1759年出版的《道德情操论》而声名大噪，之后他辞去了格拉斯哥大学的道德哲学教授职务，并担任亨利·斯科特的欧洲行同行教授一职，于1764年至1766年间与他共赴旅程。18世纪，欧洲贵族阶层流行一种教育方式，那就是聘请有识之士陪同子女周游世界，也就是所谓的大陆旅行（"Grand Tour"）。[①]当时这种教育方式有多受欢迎

---

① 英国贵族子女游历欧洲大陆的教育旅行。

呢？由于贵族子弟不上大学，导致欧洲主要大学财政情况逐渐恶化，甚至到了岌岌可危的程度。斯密被聘用为斯科特的同行教授，条件是帮助斯密培养贵族应有的教养和品位，并参加贵族们的豪华舞会。斯密的薪水包括所有的旅行经费、每年300英镑的薪水以及每年300英镑的退休金。这接近他在格拉斯哥大学任职期间薪水的2倍。正巧，斯密厌倦了在格拉斯哥大学的教学生活，他没有理由拒绝这个去到多个国家与有名望的有志之士见面的机会。在这趟旅途中，斯密有幸在瑞士日内瓦见到了伏尔泰，那位只能在书中瞻仰的传奇人物。在法国巴黎停留期间，他还接触过魁奈、杜尔哥、本杰明·富兰克林、达朗贝尔、爱尔维修和安德烈·莫雷莱。在巴黎停留的九个月期间，斯密以《道德情操论》的作者及休谟朋友的身份，在重农主义者沙龙里受到了热情的欢迎。[179]

其中，与魁奈和杜尔哥的见面对斯密的工作产生了很大的影响。斯密还被后人推测是将杜尔哥的《关于财富的形成和分配的考察》一书译成英文出版的隐藏译者。该书的内容基于杜尔哥公爵与中国青年神父们的对话，杜尔哥曾为这些青年神父们延长了公费留学时间。杜尔哥自己解释这篇文章的性质是"去掉数值和图式的魁奈的《经济表》"。斯密在撰写《国富论》时，结识了魁奈和杜尔哥，通过他们的著作，准确地了解了中国的经济理论意义所在。所以，一些学者主张斯密的剽窃不仅仅局限于《关于财富的形成和分配的考察》一文。

斯密多次跟杜尔哥和其他重农主者见面，并深入探讨共同关心的问题，这便是安德烈·莫雷莱《回想录》的支柱。"杜尔哥和我一样喜欢形而上学，他非常欣赏斯密的才华。我们见过斯密很多次，最初是在爱尔维修的家里认识的。我们就商业理论、银行、公债，还有他经手的大项目中的多个项目交换了意见。"[180] 斯密在写给休谟的信（1766年7月6日）中谈到与杜尔哥的相识，他说："和他相识是我的荣幸。我为他感到骄傲，也很幸运收获了友谊和他的尊敬。"

斯密在给斯科特的继父查尔斯·汤森的一封信（1766年8月26日）中说，他第一次见到魁奈，是在亨利·斯科特给魁奈看病的时候。另外，在给亨利·斯科特母亲的信（1766年10月15日）中，魁奈被描述为"法国最优秀的人之一，也是我在所有国家见到的最出色的医生之一"，并写道："他不仅是医生，还是十分优秀的女性——蓬皮杜夫人的朋友和亲信。"[181]

1766年，斯密带着从亨利·斯科特那里得到的退休金回国，定居在家乡寇克卡迪。他头一次在不受任何公务打扰的情况下潜心创作《国富论》。这是从欧洲旅行的第一阶段，停留在法国图卢兹时就已开始的庞大项目。能够不受生计所困，专心地埋头著述，这对一位学者来说无疑是极其幸运的一件事情。

这种情况足以证明斯密对孔子儒家哲学和中国政治经济非常了解，不过这一推测最确切的证据则是《国富论》和《道德情操论》中出现的经济、道德论题。

斯密首先在1776年发表的《国富论》中引用休谟的理论来总结商业的政治经济成效。在休谟的商业经济发展效益和自由化效益的基础上，新增了司马迁的"素封"等商人的农村投资。"商人往往有成为乡绅的希望，当他们成为乡绅时，一般情况下都会成为最理想的开发者。"[182] "素封"是指没有官职或封土的普通人，如果一个有才华的人不去在乎职业的贵贱，努力赚钱成为像"素封"那样的大富翁，那么他就不会再去羡慕帝王和宰相所拥有的权势了。可以说，富有的城市商人收购农村土地，变身"绅士"，这在本质上与"素封"是一样的。

斯密进而提出一种自然机制即"看不见的手",那就是在追求私利的过程中,会在不知不觉中连带贡献公共福利。这与顺应普遍人性,并保障这一倾向的多方面提升的休谟的"自然社会原理"、魁奈的"自然秩序"、孔子的"无为理性之道",以及司马迁的"自然之验"有着异曲同工之妙。

> 每个人都试图用应用他的资本,来使其生产品得到最大的价值。一般来说,他并不企图增进公共福利,也不清楚增进的公共福利有多少,他所追求的仅仅是他个人的安乐、个人的利益,但当他这样做的时候,就会有一双看不见的手引导他去达到另一个目标,而这个目标绝不是他所追求的东西。由于追逐他个人的利益,他经常促进了社会利益,其效果比他真正想促进社会利益时所得到的效果更为大。[183]

斯密在这里将"看不见的手"仅适用于国内企业家应对外贸时候的自然反应,但在《道德情操论》中,将其扩展至普通经济领域,从而使之定格化。

在西方的传统哲学中,也存在能够支撑斯密"看不见的手"理论的自然法思想。但在休谟、魁奈和斯密之前,没有人敢将这一自然法理论应用于经济领域。因为经济领域跟政治、宗教、哲学领域不同,共通的所谓善已荡然无存,反而像赌场①一样只剩下自私自利,再加上贫富矛盾与权力,早已沦为无可救药的领域。

---

① 洛克将商业比喻成赌博。

魁奈的"自然秩序"和斯密"看不见的手"思想之所以有着划时代的意义，是因为将自然法思想应用于"自私与贫困的温床经济领域"。这一应用基于以下认识：当个人自由追求利益时财富会大幅增加，个人的财富增长会自然而然地会使国家（公共福利）变得富强。

无论是古代斯多葛学派的自然法则论，还是西方传统的自然法思想，都没有对亚当·斯密的自由经济哲学产生本质性影响。当然，不能因此就认为斯密的前辈和同时代的哲学思潮都没有对他的经济哲学造成影响。比如，孟德维尔在休谟和斯密都读过的名作《蜜蜂的寓言》中提道，"所有行业都会自动出现相应的数比，当没有人去干预和干涉时，就能维持最佳状态。"[184]孟德维尔的这句话有可能是受到了中国自由工商业论的影响，不过与孔孟、司马迁或中国的实例不同，只是短暂地划过了而已，所以这番言论对于斯密来说，顶多只会是"参照"。

但是，在学术良心这一点上，无论是对于孔孟和司马迁的理论、中国长期的经济实际情况、魁奈和休谟的理论，还是孟德维尔的哲学，斯密不仅对从他们那里受到的启发完全保持沉默，而且经常对中国、魁奈和孟德维尔等人进行指责，给人留下他企图掩盖这种影响关系的印象。马克思曾严厉地批评斯密，他说，"政治经济学直到如今也深受最天才的、毋庸置疑最天才的构思"即魁奈的重农主义遗产，却只是"更为严谨地命名和特化了说明工具里的个别项目而已"，并没有像魁奈的《经济表》那样，非常精准地说明和阐释宏观资本运动。

事实上，我们应该看到，斯密在《国富论》中虽然赞美休谟是"是当代最杰出的哲学家兼历史学家"，但他却害怕神职人员的反驳和攻击，因而违背了休谟的遗嘱，回避"宗教相关原稿"

的出版。斯密如此胆怯,断不可能标明异教徒孔、孟和司马迁是自身经济哲学的最关键、最原始的源头,透露这一切,无疑是毁了人们对自己独创性的高度评价。

魁奈至少在晚年昭告天下:孔子和孟子是重农主义经济哲学的守护圣人,孔子和自然秩序的实证体——中国,事实上就是他的经济哲学思想之源泉。相比之下,斯密的做法确实不够地道,这种不坦荡的做法,使得后来者对他的独创性真伪,展开了一番不必要的争论。

那么现在就让我们来了解一下相比魁奈和斯密足足早了2000年的司马迁的"看不见的手",那就是司马迁关于市场的"自然之验"经济思想。

司马迁，经济学界名副其实的"亚当·斯密"

司马迁生于公元前145至前86年，他继承了孔孟的经济哲学，揭示了自由市场强大的促进增长功能和价格机制，在自由市场成为历代中国政府经济体制的过程中起到了决定性的作用。司马迁积极拥护孔孟的无为、自由市场及农商皆本主义，他在《史记》中批评了老子以小国、少民为导向的小国寡民论，同时还抨击了官治国有经济体制。

司马迁十分尊崇孔孟思想。他将孔子归为诸侯，著有《孔子世家》《仲尼弟子列传》《孟子荀卿列传》《儒林列传》。《史记》中四次讲到孔孟及其弟子与后学群体的动向，处处活用孔子的著作《春秋》及其注解，将孔子语录当作历史事件的评判标准。

首先，司马迁在《史记·货殖列传》中批判老子。他将老子限制市场流通的反市场性小国寡民论，定义为挨家挨户游说、教导百姓，却并不令人信服的"畸形论辩"。司马迁认为，这些"畸形论者"试图教化和治理百姓，最终却会与百姓翻脸，是三流的统治者。而孔子的无为而治者才是受百姓拥戴的最佳统治者。

另一方面，司马迁抨击了汉武帝时期过度扩张国家专卖事业和国有企业，毁掉民间自由市场的桑弘羊国有经济体制。司马迁将汉武帝末期经济紊乱的根本原因归咎于官治国有经济。桑弘羊大力拓展国家直接经营的专卖事业和国营企业，以此在全国范围内牟取暴利。减少私营经济，从而缩减国家预算中的国税比重，用国营企业的利润来经营整个国家。这导致国营企业产品品质下降，百姓拒绝购买这些劣质产品，这使得强买强卖变得普遍起来。由于私营经济的萎缩，百姓衣不蔽体、食不果腹，而官员和权贵们却奢靡无度，国库过度饱和乃至腐败变质，整个国家深陷金权主义无法自拔。司马迁作为一介太史令，借御史大夫卜式之口，严厉地批评了桑弘羊的官治国有经济。

某次祈雨祭，卜式向皇帝谏言，"县官当食租衣税而已。今弘羊令吏坐市列贩物求利，烹弘羊，天乃雨。"[185] 结果，桑弘羊在昭帝继位后被处决。

司马迁主张的不是老子孤立的小国寡民制，也不是桑弘羊的官治国有经济，而是无为自由市场。司马迁认为无论是物资流通，还是供需平衡，都能交给市场的"自然之验"原理，即根据自然之道的征验而自然形成，统治者只需顺势而为即可。

物贱之征贵，贵之征贱，各劝其业，乐其事，若水之趋下，日夜无休时，不召而自来，不求而民出之。岂非道之所符，而自然之验邪？[186]

司马迁认为生产、流通、分配是一种源自人类生存本能的行为，百姓会自发调节，无须国家介入，只要遵从"自然之验"的价格原理，自然能够得到自行调节。

司马迁不仅强调价格规律，还强调了市场的另一个"自然之验"机制，即个人利益最大化自然会增进共同善。他还介绍了越国计然的自由市场富国强兵政策，计然这样解释市场规则：

夫粜，二十病农，九十病末。末病则财不出，农病则草不辟矣。上不过八十，下不减三十，则农末俱利，平粜齐物，关市不乏，治国之道也。积著之理，务完物，无息币。以物相贸易，腐败而食之货勿留，无敢居贵。论其有余不足，则知贵贱。贵上极则反贱，贱下极则反贵。贵出如粪土，贱取如珠玉。财币欲其行如流水。[187]

据司马迁注解，计然实施这项经济政策仅仅十年，越国越发富强。得到优厚封赏的战士们义无反顾地冲向箭如雨发的战场，最终打败强大的吴国复仇。可见，计然和司马迁正确地理解了"自然之验"，当个人在市场自由追求盈利时，自然而然会连接到公善。

接着，司马迁强调了致富经济思想的重要性。

"富者，人之情性，所不学而俱欲者也。"所以财富的威力是让没有封土和官职的人成为"无冕之王"，而任何人都会臣服于他。

古时，无官职和封土之人着白衣，所以司马迁将这些"无冕之王"称作"素封",意思是穿白衣的封爵者。"今有无秩禄之奉、爵邑之入,而乐与之比者,命曰'素封'",与千户侯无异。司马迁所处的公元前1—公元前2世纪左右,中国各地出现了许多腰缠万贯的大工业者和大商人。司马迁一一列举了与诸侯结交,并利用这种人脉关系扩张资本的富豪们,说他们是"以末至财用本守之"。

综合司马迁关于农业和工商的观点,他认为最好的经济体制有三点。从农业社会荣誉观点出发的农本主义,从顺畅的社会物资流通和个人财富的快速成就观点出发的商本主义,还有以这两个为基础的农商皆本主义的自由市场。因此,司马迁的经济体制可以定义为:只要物价稳定,就能万事亨通的无为农商皆本主义自由市场体制。

这个农商皆本主义的自由市场体制,得益于司马迁的经济理论和对官营经济的批判,成为宋、元、明、清等历史朝代的一种传统。现代英国的学者莱利斯·杨格评价,"司马迁的著述在支撑中华帝国成为所有帝国中人口最多、最成功、最持续繁荣的商业文化方面发挥了鞭策作用。"

这项市场主义富国化政策,依靠市场无形的"自然之验",将个人利益最大化与增进社会的共同善相联系,后来又传播到魁奈、斯密等欧洲人士,最终发展成西方的自由放任型重农主义与自由市场论。另外,这与亚当·斯密的"看不见的手"也不谋而合,即"他所追求的仅仅是他个人的安乐,个人的利益,但当他这样做的时候,就会有一双看不见的手引导他去达到另一个目标"。

对此,莱利斯·杨格在1996年发表的论文《市场之道:司马迁与看不见的手》中断言,斯密的自由市场经济学是"中国制造"。而斯密的"看不见的手",只不过是魁奈、杜尔哥等法国重农主义者们从中国引进的司马迁的"自然之验"概念的另一种说法而已。因此,除了将司马迁视为"中国的亚当·斯密"之外,还认为"中国的成功鼓舞了启蒙主义哲学家和自由放任主义代言人,并且提高了这一理论的可信度,从这一点来看,司马迁还应当得到'工业民主国家诞生的助力者'这一荣誉。"

从司马迁鼓舞了亚当·斯密这一点来看,他应该是经济学界真正的亚当·斯密。[188]

亚当·斯密将在法国被译为"laissez-faire"的孔子的"无为而治"和司马迁的"自然之验"融合成"天赋自由"(natural liberty),又将"自然之道"译为"天赋智慧"(natural wisdom);一方面将"自然之验"比作"看不见的手",而另一方面又将魁奈的农业中心自由市场论进行了一些修改,从而创造了产业中心自由市场论。事实上,"看不见的手"一词在600多页的《国富论》原著中只出现过一次,但却经常被用作代表整本书的关键词。

但司马迁的经济思想是否存在问题呢?司马迁不考虑产业振兴和福利政策,只着眼于自由市场,因此在一定程度上脱离了将自由市场和福利国家结合在一起的孔孟的富民经济学。同样,斯密的《国富论》也偏离成为"无福利自由市场"的夜警国家论,这与孔子的养民论到沃尔夫和尤斯蒂这里就变成"无自由市场的福利国家论"的情况刚好相反。两者历经150多年的漫长岁月之后才勉强融合在一起。

回首过去,孔子早已在经济福利哲学上发挥了惊人的影响力。重启"平衡、和谐的富民哲学"是件意义深远的事情,因为今天,全世界都在绞尽脑汁地探索如何将自由市场与福利国家完美地融合在一起。自由市场与福利国家相融合的孔子富民哲学无疑是最靠谱的"理想未来"。纵观人类文明史,不难发现摒弃绝佳的制度机制后屡遭失败与不幸的事例。如今,为了实现市民社会的价值——幸福,孔子的卓识理应得到尊重。取其精华、弃其糟粕,恰如其分地应用于当今时代未尝不可。

18世纪接受孔子儒家哲学后诞生的西方启蒙主义相关探讨就到此为止了,下面应该简略地回顾一下法国革命以后的情况。随着18世纪末革命气氛的高涨,法国和欧洲均把焦点集中在本国。对中国和孔子儒家哲学的狂热也随之自然消退,之后在身着罗马服装的革命家大展身手的法国革命浪潮中逐渐销声匿迹。

但是,孔子儒家哲学对欧洲的影响并没有因为18世纪的一次事件而彻底终结。1920年代,中国哲学和东方主义再次引起人们的广泛关注。在战后"休生养息"的欧洲青年群中,老子思想大为流行。当然,20世纪初,孔子也并非完全失去了"大师"的地位。喜欢从常识层面探索健康且明确的原理的人们,频频引用孔子思想。在他们看来,老子的神秘论调或许是深奥的,他们只是为非常不实用的复古狂热而已。他们将老子思想看作是在普遍意义上的无政府主义现实中无法妥协的荒诞想法。

第一次世界大战后,严谨的儒家著作给德国人留下了深刻的印象。谈论"欧洲文明的危机"的作者们,总是会回到孔子为古代中国提出的在文明化原理之上建立社会秩序的观点。特别是20世纪20年代,以哥廷根大学为中心聚集的政治哲学家群体,负责中国儒家著作的德文翻译,这是一件意义深远的事情。他们呼吁欧洲在孔子儒家哲学的基础上,建立像旧中国那样坚定的世界观,并以此获得更加稳定的政治环境。为此,应该像200年前的启蒙主义时代一样,借鉴孔子儒家哲学的先例,对"根本构想"展开明确的洞察。纵览两次世界大战之间短短的20年,年轻人的情绪跟18世纪哲学运动时期形成鲜明对比,在这种大环境下老子诚然更受欢迎,但孔子的影响也绝不亚于老子,可以说两者旗鼓相当。

令人遗憾的是,无论是启蒙思想家,还是1920年代的"亲华"知识阶层,没有一个欧洲人学习孔子"自然之爱"的哲学。伴随着近年来东亚复兴的趋势,今天的西方人又掀起了一股研究孔子和东亚的热潮,非常期待人们能够重新关注孔子儒家哲学的自然亲和性。

第七章

工业革命的领袖是中国而非英国

对于东亚很多传统价值与文化，亚洲人自己的评价甚至要低于西欧人。其实亚洲一直走在人类文明史的前列，只是到了近代一百多年的时间里，才在科学技术领域显示出了劣势，但许多人却在文化的各领域都产生了西欧情结。

自古至今，社会经济的富足向来是价值判断的一个重要因素。如果当时东亚经济贫困，那么即便亚洲的哲学、艺术如何深奥，西方人不但不会崇拜它，反而会把它归结为东亚贫困的原因。这与今天人们经常把印度贫困的原因归于印度教深奥的教理是同样的道理。不管一个地方的哲学艺术是多么亲近自然、多么崇高，只要它当下的处境是贫困的，人们便不会去接受它的哲学与艺术。

前文我们已经讲过，1670—1690年之间莱布尼茨的诸多信函之中曾多次感叹于中国先进的科学技术与医术，因为它们比欧洲高出一大截。1752年大卫·休谟所撰写的《论商业》就认为中国是世界上最为繁荣的帝国，魁奈在《中国的专制主义》里也有相同的看法。在莱布尼茨所生活的时代之后百余年，即18世纪末，亚当·斯密在《国富论》之中提到了中国的技术水平并不比欧洲落后多少，再次重申了中国是世界上最富有的国家，中国人比欧洲任何一个地方的人都生活得更优渥。那么，东亚真的如17、18世纪西方的学者们所认为的那般繁华吗？

10世纪时宋朝的
工业、商业革命

霍布森（J.Hobson）在2004年的作品《西方文明的东方起源》之中分析认为，中国的工业革命从古代一直绵延到18世纪，长达1500多年的时间。

在1100年至1800年之间全球范围内内敛的权力历史上，中国的工业奇迹是唯一最重要的事件，中国在技术、思想方面的突破给西欧的兴起带来了意味深长的鼓舞。[189]

中国的工业、商业革命在宋朝（960—1279）时达到巅峰，时间上大约早于英国工业革命600多年，然后在18世纪时向欧洲传播，点燃了英国工业革命的火把。

第七章　工业革命的领袖是中国而非英国

一切工业化皆始于冶铁革命。按照霍布森的观点，中国的冶铁革命从公元前600年左右一直延续到公元1100年。公元806年，中国生铁的生产量为13500吨，到1078年这个数字变成了125000吨，足足增加了6倍，而直到1700年左右欧洲才达到这一水平。中国人用生铁制造各种工具，产生了一批企业家式的工厂主，积累了巨额财富。他们不仅用这些铁制造武器，更多地会把这些铁用于制造工业化所需的工具、机械、器具以及各种生活用品，这意味着这是一场宏大的"工业革命"。

与冶铁革命同时发生的，还有制造技术的革命。铸造技术、熔解技术、淬炼技术、高性能风箱、高温熔炉等不断被发明出来。公元前1世纪左右，中国人已经开始用焦煤——而不是普通的煤炭——来生产钢铁了，与此形成对比的是，欧洲直到近代才掌握生产钢铁的方法。公元31年，中国人就开始用水车鼓动风箱，按照霍布森的观点，中国这种水力风箱之中有活塞杆与带子等装置，而这与欧洲1800多年以后才出现的蒸汽引擎有着惊人的相似，这种引擎与公元1世纪时王充在著作《论衡》之中所记载的蒸汽机关的设计图不无相关之处。在纺织业方面，随着水力织布机的广泛普及，中国发生了最早的技术革命。

在冶铁、制造、纺织工业等领域所发生的这些技术革命，是因为有运输、能源、航海革命等社会间接设施的支撑。984年，中国人发明了一种水闸装置，提高了运河的航运能力，使运河有了更加细密的分流，把许多城市连接在了一起。这种遍布全国的、稠密的综合水路体系，保障了物资的高速流通，满足了工业革命的需求。根据皮特·戈拉斯（P.Golas）在《中国的科学与文明》、罗伯特·坦普尔（R.Temple）在《中国的天赋》中的研究，公元4世纪左右中国人就开始把石油与天然气用于烹饪与照明，而在10世纪左右的时候,家用石棉灯已经广泛普及。[190]

中国的航海指南针也引发了一次航海革命。王充在《论衡·是应》篇中记载:"司南之杓,投之于地,其柢指南",这意味着在1世纪以前中国就已经开始使用指南针了。10世纪左右中国人就已经懂得指南针所指的北方与真正的北方之间存在偏差,11~12世纪时中国出现了航海指南针。希腊、罗马人虽然也知道磁铁,但他们并不知道磁铁拥有指示方向的能力,所以他们的航海仅局限于大海的沿岸。然而15世纪的中国人早就以指南针与航海知识为基础,绘制了当时世界上最精确的地图。

航海革命中另一个令人惊奇的方面是船舶的体积与数量的发展。坦普尔曾经做出如下论述:

中国人是历史上最伟大的航海家。在近乎两千多年的时间里,中国人一直拥有最先进的船舶、航海技术,这些技术如果与世界其他地方的相比,会令人感到无比震惊。西方在赶超中国时所利用的方法,无非就是以各种不同的形式应用中国人的种种发明。在大部分的历史时间里,欧洲人使用的船舶都比中国的要低劣许多,甚至直到18世纪末仍然如此。[191]

早在16世纪以前中国规模最大的船舶已经就达3000吨的吨位了,与之形成对比的是,直到16世纪末,英国最大的船舶才达到400吨的吨位。8世纪左右,仅长江一条河流里就有2000多艘船只在行驶,这条河流的船舶运输量达到了1000年以后英国商人运输货物总量的三分之一。1997年邓刚(G.Deng)在《中国的海洋活动与社会经济发展》之中指出,北宋(960—1127)时期中国运输谷物的船只数量约达1.2万艘,到了清朝,这一数量增至2万艘,而到18世纪末，这一数字又激增至13万艘。

宋朝时发明的纸币与现金租税系统成为中国商业革命的主要动力。9世纪时，人们为了信用担保而发明了纸币；10世纪时，纸币发展成为一种用于交换的"真钱"。霍布森表示，宋朝"为了促进商业逐渐增加了货币纳税"。由于当时的宋朝官府逐渐要求以货币纳税代替实物纳税，所以8世纪中期时货币纳税的比重还只有4%，而到了11世纪中期货币纳税的比重就激增到了52%。农民耕作的目的是把农产品拿到市场上去销售，所以市场的规模进一步增大。1988年埃里克·琼斯（E.Jones）在《发展的轮回》中指出，中国政府采取的现金租税政策、经济自由化政策同时也促进了土地贸易，使得市场规模实现了飞跃性的扩大，这是孔孟与司马迁自由商业论的具体实现。

威廉·麦克尼尔（W.McNeill）在1982年的著作《权力的追逐》中指出，"中国地方性的、区域性的、超区域层面的市场贸易带来了总生产率的极大提高。"所以说，宋朝时期中国就已经产生了近代的"市场经济"，这真的令人震惊。对此，14世纪时有一位中国人曾经这样用文字描述过：

> 今日有十户人居住的地方就会有市场，为了获取当季自己所没有的东西，人们便会与别人交换，如果对方非常想要，就提高价格，如果对方犹豫不定就压低价格，以获取最后的一点小利润，这已经成了世间的常道。[192]

中国历代政府都遵从着孔子"轻赋税以强国"的信念，所以中国的赋税一向都只是象征性地收取而已，商人的赋税甚至比农村生产者的赋税还要低。由于中国的商人几乎不受政府的干涉，所以他们能够自由地开展市场活动，中国的商业经济实现了高度发展，宋朝政府的税收大部分都来源于商业领域。

中国的商本主义发展到了惊人的水平，大型都市也不断增多，城市化高度发展，城市人口急剧膨胀。在城市化水平最高的地方，城市居民所占的比重达到了37%。例如，当时杭州在人口最多的时候达到了五百万人，宋朝时中国的城市化水平已经远远超过了18世纪欧洲。

货币经济的发展引发了造纸术与印刷术的发展。中国的纸张发明，至晚是在105年由蔡伦完成的。随着书籍的大量印刷，造纸业得到了极大的促进，国家与民间人士主导了这些书籍的大规模印刷。除了用于印刷书籍以外，纸张还被应用于制造纸币、铠甲、壁纸、衣服、手纸、篮子、毛巾等各种用途。约从950年开始，书籍的印刷不断增加，到了953年，中国人就拥有了印刷出来的儒家典籍。1040年，中国发明出了一种通过可移动的"印字"进行印刷的方式，即为木活字，这属于世界首创，而到了1040年左右，中国人又发明出了瓷活字。通过这些技术，中国印刷出了大量书籍，比15世纪末的整个欧洲加起来都要多。[192]

说到印刷术便不能不提韩国，因为韩国的金属活字是世界上最早发明出来的，令人遗憾的是金属活字已经失传，但公元1234年高丽高宗时曾用金属活字印刷了《详定古今礼文》，而流传至今的《直指心体要节》则是1377年发行的，这远早于1455年谷登堡发明的金属活字。

英国在18~19世纪时发生的农业革命，中国早在6世纪时就已经完成了。

当时中国就相当于今天的美国与西欧，而欧洲则相当于今天

第七章　工业革命的领袖是中国而非英国

的摩洛哥,这么说一点都不夸张。18世纪时,欧洲的农业仍然是一副令人绝望的、原始的形态,这与中国公元前4世纪以后的先进农业根本无法比较。[194]

直到20世纪,欧洲才勉强赶上12世纪时宋朝的农业生产率。宋朝政府按照孔孟的富民哲学与农本主义思想,开发、普及了水稻的移栽法即插秧法,并且鼓励农民进行农业投资。他们以极低的利息向农民提供农资贷款,农民得以利用这些贷款改良农事,创造新的农耕法,在后来的七百多年时间里,中国农业一直维持着这种水平。

1550—1660年,欧洲发生了一场武器革命,主要涉及火药、枪、大炮等武器,但中国早在850—1290年就已经发明出这些武器了,1050年更是发现了火药爆发力最强的混合比例。西方人往往误以为中国发明火药的目的是制造烟花,其实火药最早主要还是应用于军事武器。中国在10世纪初就已经发明出了喷火器,10世纪中后期则发明出了点火的弩箭,13世纪初则发明出了炸弹、手榴弹、火箭等。14世纪时,中国甚至发明出了地雷与手雷,并应用于实战之中。中国还发明出了一种能够同时发射320个火箭的发射器,以及与今天的火箭别无二致的带翅膀的火箭。1259年,中国又开发出了一种能够发射铁子弹的枪,很快这种枪又被改良为带着枪筒的样式。1288年左右,中国发明出了大炮。14世纪前后,蒙古对欧洲,中东,中国南宋、金等地的战争中,就使用了带有炮筒的大炮。

宋朝的军事技术革命还表现在水军的发展方面。早在3世纪时,中国就已经在三万多平方米的甲板上载着两千多名水军,形成一种"漂流的要塞"并参加了战斗。6世纪时,这种超大型的

199

战舰被建造成了30米、5层的高度。宋朝水军拥有20500艘战舰，这些战舰的战斗力比欧洲所有舰队加起来都强，战舰上安装的这种武器系统也在不断升级。1129年，中国战舰曾用投石机发射炮弹；1203年，相当多的战舰上都装上了铠甲。

18世纪末以前，西方除了螺丝、曲轴、酒精提取法等以外，几乎没有什么引人注目的发明。欧洲赶超中国的秘诀就在于，从12世纪开始，不断引进、模仿东亚的技术，创造出比原来更好的仿品，并到处应用中国的发明，对它们进行各种"拼缀"。

1279年宋朝灭亡以后，中国经济仍然在持续发展。以这种发展为动力，直到19世纪初，中国仍然稳居世界经济的中心。我们需要知道的是，源自西方的所谓"亚洲停滞论"只不过是一种东方主义的虚构，他们把19世纪至20世纪初东亚暂时落后于西方时所形成的消极的东方观，普遍应用到之前的历史中去了。对于东亚很多传统价值与文化，亚洲人对自己的评价甚至要低于西欧人。亚洲一直走在人类文明史的前列，只是到了近代化一百多年的时间里，才在科学技术领域出现了劣势，但许多人却因此在文化各领域都产生了西欧情结。但正如前文我们所看到的，东方思想对启蒙主义时代的西欧产生了决定性的影响，在西欧的文化与艺术方面也引发了一场飓风。实际上我们已经了解得很清楚了，不应再对西欧产生任何憧憬或自卑感了。

18 世纪以前
东亚经济为世界之首

传统中国社会极为特别。中国历经种种革命与战乱，却仍然拥有不断发明、创新，然后重回巅峰的力量，继而在稳定之中不断发展，中国社会就是一个这样生机勃勃的有机体。

传统中国社会之所以能一直这么稳定，得益于一种内敛式的发展，正是这种发展让帝国主义式的对外膨胀变得无足轻重。对于中国社会一向稳定的状态，《中国科学技术史》的作者李约瑟认为"这没有什么不可思议的"。这是由于中国社会经济内在的持续发展是以先进的农业、大量的水利工程、统治权力的中央集权化、非世袭制的公共权力等为基础的。换言之，中国一直在自发地克制侵略性的、暴力性的自我膨胀，遵从孔子的世界观，不断实现纯粹的内在发展。

高度内敛的权力发展表现在农业生产效率的不断提高上。14世纪时，黑死病一度在中国非常猖獗，甚至导致了三分之一人口死亡，农业基础也遭到了严重破坏，但到了16世纪，中国经济已经完全恢复了。14~16世纪之间，中国农业生产的增长率提高了60%，这远远高于欧洲，中国还曾将剩余的农产品大规模地出口国外。18世纪是中国农业的繁荣期[195]，所以在1700—1850年之间中国人口实现了飞跃性的增长。中国没有经历19世纪西欧社会外延的，即帝国主义的膨胀过程，而是在中国内部实现了发展。

宋朝灭亡以后，中国的制造业与商业曾一度萎缩，但到了明清时期又重新焕发了生机。例如，从纺织业来看，棉纱大量生产，原棉的需求也不断增加。18世纪末，中国从印度进口了大量棉花，进口量比英国的更大。同时，中国已经拥有了大规模的市场经济基础设施，尤其是民间银行的规模甚至远超官营银行。1800年左右，在银行业的中心——上海，拥有30间店铺以上的全国性银行就多达八家。工商业的投资逐渐超过了农业投资，商人的权力也大幅提高。明清时期，中国经济已经形成了一种开放的市场经济[196]，对内对外的商业高度发展，中国国内的商业与国际贸易规模持续壮大。这种对内、对外的商业发展后来成为魁奈与亚当·斯密所提倡的自由市场理论的背景，这一点我们已经很清楚了。

1434年，明朝在名义上采取了禁止对外贸易的措施，但中国的国际贸易与国内商业仍然在不断壮大。关于这一点，只要我们能够正确理解朝贡制度的经济性质与官方贸易禁止措施的表面性便不难发现。所谓的"朝贡"，是属国按时向宗主国贡献礼品的一种制度，但这只是名义上的，实际上朝贡是中国与邻国之间开展的一种大规模的官方贸易。

从效果来看,朝贡体系经常会演变成对外贸易的一种形式。特别是来自中亚的贸易商人会经常出于贸易的目的,假装从假想的国家向中国朝贡。[197]

这是波兰史学家罗津斯基(W.Rodzinski)1979年出版的著作《中国史》之中的内容。中国与邻国之间的朝贡贸易实际上就是这样开展的。邻国向中国朝贡,而中国则会回馈给他们更多的礼品,这种形式被称为"回赐"。通过这种方式,周边弱小国家才得以引进中国的先进文化与文明。朝鲜与日本都曾向明朝朝贡,他们都曾为了多向中国朝贡一些东西而费尽心机。中国虽然允许朝鲜频繁地向中国朝贡,但对于日本的朝贡却采取了限制的政策,即"三年一贡"的朝贡制度。日本曾不断向中国派出使臣,请求中国允许日本像朝鲜一样能够更经常地朝贡,但中国皇帝并没有轻易允诺。

朝鲜向中国提供的正式朝贡每年有三次,但朝鲜经常以各种借口随时向中国朝贡,当然每次中国的回赐都会非常丰盛。朝鲜向中国派出的朝贡使团包括:正月初一向中国派出的"贺正使",恭贺明朝皇帝诞辰的"圣节使",皇太子诞辰时派出的"千秋使",冬至时派出的"冬至使"。除此以外,朝鲜还会随时通过派出的谢恩使、奏请使、陈贺使、陈慰使、陈香使等使节向中国进献朝贡品,然后接受回赐的礼品,他们派出的使臣团可达四十多人,包括正使、副使、书状官等等,使团成员经常会携带朝贡品以外的货物私下进行贸易,担任翻译的译官就因为这种私下贸易积累了巨额的财富。

随着朝贡关系的扩大,中国与亚洲的对外贸易越来越繁荣,所以朝贡制度并非强制性的,而是自发的。这些属国把向中国朝贡视为一种得以接近中国市场的通道。葡萄牙、西班牙、荷兰等西方国家也曾争相要求加入中国"属邦"的行列，向中国朝贡，以在中国利润丰厚的经济之中分得一杯羹。为了保护自己不受邻国的侵扰，亚洲各国的统治者也殚精竭虑地想出各种办法向中国朝贡。泰国、马来西亚、印度尼西亚的爪哇岛等地方也曾固执地想要向中国朝贡，中国当局为此大为光火，这都是真实存在的实际情况。亚洲商人曾想出种种战略，甚至不惜伪造委任状，以使臣的身份来到中国，以向中国朝贡的方法来掩护普通的商业贸易活动，而这在当时是一种广为人知的办法，在明朝的政府文件里也能看到。霍布森甚至在《西方文明的东方起源》中描述道，"16世纪日本侵略朝鲜是为了重启朝贡关系，甚至曾威胁道，如果拒绝就去侵略中国"。

除了朝贡贸易以外，对外贸易的持续扩大也与惯例的压舱物（ballast）贸易①、海外中国人贸易、获得许可的私贸易、走私等各种贸易形式的发展有关。霍普金斯大学的史学家、教授菲利普·柯廷（P.Curtin）在著作《世界贸易史》中做过如下阐述：

> 不在官方朝贡品之列的所有货物都会与朝贡品一同卸下，并盖上"贡船压舱货物"的印章，允许他们从北京一直保管到可以销售的地方……外国船只离开时，为了航行安全起见会装载一些压舱货物（这次是中国商品）。以这种形式来往于两个方向之间的"压舱货物"船舶，即贸易货船，比朝贡贸易更重要，虽然是朝贡贸易给这种贸易提供了正当的理由。[198]

---

① 这种贸易形式是指：为了维持船舶的平衡，朝贡的使臣会在来中国时在船舱的底部装载一些货物，回程时再换成中国商品运回国内。

中国政府把在国外的中国人与中国之间的贸易视为国内贸易，所以自16世纪起，各国便争相吸引中国商人来本国，于是中国商人便星散到了亚洲各个地区。特别是琉球国（即现在的日本冲绳）针对来自中国福建的商人实行了奖励政策，吸引他们来本国居住，通过与他们的贸易，与中国开展高利润贸易。明朝时，中国开放了澳门、长洲、苏州等港口，清朝时开放了厦门、宁波等口岸，这些地区的私人贸易也非常活跃，各处的走私也特别兴盛。走私通常是靠政府官员进行的，因此禁令没有什么作用。1560年，明朝政府终于向规模浩大的走私活动缴械投降，开放了走私盛行的几个主要港口，使贸易合法化。16世纪初，中国商人通过商业活动，把贸易扩大到了印度半岛、马来西亚、泰国、苏门答腊、帝汶岛等中国南海富有战略意义的地区，这张贸易网一直维持到19世纪。

通过各种贸易关系，中国实现了高额的贸易顺差，把全球大部分的白银都聚敛到了中国，中国的财富多得令人咋舌，比如上海一个小小的服装商可能就拥有大约五吨白银的资本，最富有的家庭甚至会拥有数百吨白银[199]，所以中国白银的价格是全球最高的。亚当·斯密在《国富论》中曾有过如下的描述："中国贵金属价值远远高于欧洲任何地区"，这也意味着中国经济是世界经济支柱。欧洲虽然非常需要中国商品，但中国对欧洲商品的需求却并不怎么大，所以欧洲一直困于慢性的贸易逆差之中。

总之，中国对外贸易的规模虽然在不断壮大，但并没有做出帝国主义的侵略或占领等行径。中国并没有撤出世界市场，而是遵照克制强权、追求德治的儒家治国理念，自发地撤出了"帝国主义"。这与欧洲各国争相开展帝国主义掠夺，把非洲、亚洲、美洲大陆等全球各地变成殖民地的做法形成了鲜明的对比。

自发放弃帝国主义的
文明之国

15世纪初明朝郑和三十多年航海的壮举,如今已是妇孺皆知的故事。明朝把国力的影响范围扩大到了整个印度洋领域与非洲东海岸,全球一半的地方都在中国的掌控之下,只要中国愿意,完全可以凭借强大的海军轻而易举地把剩下的一半收入囊中。在欧洲走上开拓与膨胀之路以前,中国明明可以成为全球最大的殖民强国,但中国却没有这么做。[200]中国主动放弃了帝国主义,因为帝国主义的本质是武力支撑下的掠夺。

整个19世纪,欧洲帝国主义者在全球范围内开展掠夺活动,打着文明开化的旗号把这种掠夺正当化。他们从美洲印第安人的手里夺取了得克萨斯州,并辩称这是"天赋的使命",但中国却从未做出这种需要辩白的行为。对此,英国史学家菲立普·费南德兹-阿梅斯托（F.Fernandez-Armesto）在1996年的著作《千年》中曾经惊叹道：

> 中国完全没有发生类似于"天赋的使命"这种事情。对于中国来说，世界的支配权唾手可得，但中国却放弃了……中国的克制将是世界史上集体克制最为特别的例子。[201]

并非中国没有能力推行帝国主义，中国完全可以这么做，但中国压根就没有这样的想法，而这正是主张"不语怪力乱神""四海之内皆兄弟"的孔子儒家哲学的表现，今天包括韩国人在内的东亚人必须充分了解这一点。也许有人会说，这是一种事大主义思想，它美化了中国，其实不然，因为这种美德我们在其他文明圈里根本看不到。东亚一直以"侍大"（小国侍奉大国）与"侍小"（大国侍奉小国）为外交哲学，维持了和平友好的关系，侍大、侍小的睦邻外交是国际和平秩序的主干。但日本是一个例外，因为日本把自己武装成了帝国主义国家，然后对邻国发动了侵略战争。日本打着文明开化的旗号，模仿欧洲帝国主义，掠夺邻国，把邻国变成了自己的殖民地，这种行为是野蛮的，任何逻辑都不能洗白它。如果开化的目的在于暴力扩张与野蛮行径，那么这种开化必然是错误的。在人类的历史上，"近代"这一历史时期虽然居功甚伟，但帝国主义也在此时期拉开帷幕，这肯定是一种错误，对于殖民国与殖民地两方面都是不幸的。

总而言之，1800年以前中国与东亚的社会经济要优于欧洲，比欧洲更先进。根据保罗·贝罗赫（P.Bairoch）（他是二战后最出色的经济史学家之一）的研究，1750年左右在全球制造业的生产之中，中国（32.8%）与日本（3.8%）的比重加起来足足有

36.6%，而欧洲只有23.2%，特别是后来成为工业革命宠儿的英国此时只占1.9%，而美国只占0.1%。1800年，中国（33.3%）与日本（3.5%）制造业的生产总量（36.8%）也远超欧洲（28.1%）。[202]这个统计里缺少朝鲜与安南（今越南）的数据，如果把这两个国家也算进去，那么东亚的优势将会更加明显。

1750年左右，东方的国民收入比西方高出220%，这是贝罗赫的研究成果之一。1830年这一数字是124%，即便到1860年，东方的国民收入依然高出西方35%。这里我们需要注意两个问题：首先，贝罗赫把当时的美国、俄国、日本划为"西方"，而将亚洲、非洲则划为"东方"；其次，当时东方人口远多于西方人口。直到1870年，东西方的国民收入才持平。当然，后来两者的情形发生了逆转。

1830—1840年欧洲迅速崛起，东亚迅速没落，这源于欧洲的帝国主义与工业革命。欧洲帝国主义迅速导致了中国的"脱工业化"。随着工业革命的开展，英法两国深受过剩商品的困扰，他们对中国施以武力威胁，把过剩的商品零关税倾销到中国，这让中国工业一蹶不振，甚至到了"脱工业化"的地步。史学家经常把1840年的鸦片战争称为史上最卑劣的战争，战败以后中国被迫签订了各种不平等条约，丧失了关税主权，而中国对此束手无策。[203]但日本的情况就不同了，因为日本行使了经济主权，设立了关税壁垒，所以直到本国制造业技术实现近代化为止，日本成功地阻挡了英国商品在国内的渗透。由此，日本得以逃脱"脱工业化"的危机，继续工业化的进程。

亚当·斯密曾这样评价1760—1770年代："中国比欧洲任何地方都更加富有，在价格上，中欧维持生计的手段之间存在巨大差异，中国的大米比欧洲任何地方小麦的价格都要便宜。"[204]最近担任经合组织统计总负责人的安格·麦迪逊（A.Maddison）指出，1750年左右，整个东方的人均收入与西方相等（注意不是中国或东亚，而是整个东方），直到1800年以后，西方的人均收入才超过了东方。如果把中国或东亚从整个东方里单列出来的话，那么不仅是1750年，直到1800年中国或东亚的人均国民收入仍然要高于欧洲。

全球最高的生活水平得益于高度的商业化、工业化、城市化与人口移动，自宋朝中期时起中国就已经废除了世袭的"士大夫"制度，实行了非世袭的"士绅"制度，实现了人人平等。清朝则延续了明朝更为纯粹的士绅制度，任何人只要科举及第便能担任官职。明清时整个士绅阶层之中，通过科举及第从平民阶层晋升到士绅阶层的比例高达36%，这个数字比今天美国平民与中产阶级子女晋升到精英阶层的比例更高。中国这种人人平等的制度为后来欧洲废除世袭的贵族制度、实现身份解放提供了革命动力。

约翰·霍布森认为英国的工业革命起源于中国，而中国的工业革命持续了1500多年，一直延续到18世纪。英国工业革命并不是什么新发明，它是通过吸收中国各种发明、技术思想以及精密化作业实现的。通过引进中国各种农业技术，英国掀起了农业革命；而对中国冶炼技术、鼓风炉、水力风箱、蒸汽机关、棉纱技术等的引进，则点燃了工业革命的熊熊烈火。

西方主导世界经济不过是近150多年的事情。在这段时间里，西方肆无忌惮地进行帝国主义战争与掠夺活动，恣意破坏自然，世所罕见。与此相对比，在18世纪以前，东亚虽然在1000多年的时间里主导了世界经济，但在这段时间里东方一直采取了非帝国主义的、亲近自然的态度。从这种历史角度来看，有些人的预测似乎是顺理成章的：今天迅速崛起的东亚将会再次赶超西方。这对于人类来说也算是一件幸事，当然前提是东方要一直坚持非帝国主义的、亲近环境的态度。

英祖、正祖时代的朝鲜经济位居世界前列

前文我们已经考察过，1800年以前中国或者说东亚的人均国民收入远远超过欧洲与英国。那么，领土面积与英国相当的朝鲜当时情况如何呢？

工资水平是考察生活水平的一个重要指标。我们可以参照由Jeon Seongho与詹姆斯·刘易斯（J.Lewis）共同研究，并刊载在美国经济史专业期刊《经济史研究》上的一篇文章。1780年至1809年30年的时间里，朝鲜熟练工的实际工资（大米8.2千克）远超1750年至1759年意大利米兰熟练工的实际工资水平（面包6.3千克），也高于当时英国生活水平最高的地方——伦敦，虽然英国是当时欧洲最富强的国家，但伦敦熟练工的实际工资水平（面包8.13千克）却远不及朝鲜。

当然这种单纯的比较没有把经济波动、白银价值的升跌或各种天灾考虑进去，难免会有一些谬误。所以，我们需要比较全要素生产率（total factor productivity）[1]的情况。

如果我们以1800年英国英格兰地区（当时英国生活水平最高的地方）的耕作面积为标准，把他们的全要素生产率设定为100，那么同年整个朝鲜的全要素生产率则为134，而位于中国长江下流的江苏省与浙江省（这两个省份是中国当时生活水平最高的地方）则是191，但中国整体的平均全要素生产率肯定远远低于这个数值。1776年，亚当·斯密说过"中国比欧洲任何地区都更富有"，可见中国整体的全要素生产率会远高于英格兰的水平，而从全要素生产率的数据来看，朝鲜肯定比英国的生活水平更高，国内外的各种研究也都表现出了一致的倾向。

下面，我们用麦迪逊的统计数据来推测一下当时的情况，虽然他的统计数据太过于"欧洲中心主义"，可信性要低一些，但可以作为参考。1820年，朝鲜与中国的人均GDP都是600元〔以1990年国际元[2]（Geary-Khamis dollar）为标准〕。自1500年以后的320年的时间里，中国人口实现了飞跃式增长，人均GDP一直维持在600元左右。而从后来中国与朝鲜的收入趋势变化来看，1870年中国人均GDP下跌到530元，1920—1930年代则在550元左右徘徊。与此形成对比的是，1800年以后的半个多世纪即1870年，朝鲜的人均GDP为604元，略有涨幅，并在后来的40年的时间里实

---

[1] 这种生产率能综合地反映劳动者的工作能力、资本投资金额、技术等因素。
[2] 国与国之间把各自不同的货币价值换算成统一的价值，用于评价购买力。

现了高速发展，至1911年朝鲜的人均GDP达到了815元，位列日本之后，是亚洲第二。在日本殖民时代，朝鲜的人均GDP也持续增长，1914年上升到1021元，1938年继续上升到了1459元。

成宗时期（1469—1495），朝鲜的生活水平开始表现出上升的态势，到英祖、正祖（1724—1800）时期达到巅峰，然后便趋于低潮。如果把这个趋势带入麦迪逊有关朝鲜、中国的统计之中，我们就会发现或许16~17世纪时朝鲜的生活水平比中国要低，但在巅峰时期的18世纪英祖、正祖时代，朝鲜的生活水平应该比仍徘徊于600元左右的中国更加优越。英祖、正祖时的确是朝鲜最为富强的一段时期，1800年以后随着正祖的死亡，朝鲜的生活水平再次下降，20年后即1820年朝鲜的人均国民收入又跌倒了600元，再次与中国一致了。由此看来，我们可以推测18世纪的朝鲜比中国的生活水平更高。

所以综合来看，18世纪时中国的生活水平比英国伦敦或英格兰更高，而朝鲜的生活水平又比英国伦敦和中国更高。也就是说，18世纪时朝鲜的生活水平不仅高于当时欧洲生活水平最高的英国，甚至也凌驾于世界上最富有的国家即中国，位列世界第一。即便这些统计数据再怎么证据确凿，肯定依然有相当多的韩国人不肯相信这一点。在大部分韩国人的记忆里，朝鲜是贫穷的，但这种记忆是日本帝国主义者在殖民时期强加给朝鲜人的，不同于实际情况。今天韩国的迅猛发展令世界惊叹，其实其潜力已经在18世纪时就已经初见端倪了。

从18世纪时的教育福利与印刷术之中也能窥见当时朝鲜生活水平之高。"私塾"作为朝鲜初级教育机构，在全国范围内广泛普及，甚至每150户人家就有一家私塾。[205]遍布全国的地方乡校与首尔四学①也接近500~600所。而大学教育机构成均馆则为儒生们提供一系列的教育福利,包括免费提供教育、食宿,为他们支付学费与学田,免除赋税与徭役,等等。

在《论语》"有教无类"的原则下,教育福利没有任何身份、贫富的区别。即便是富家子弟,也同样享受包括免费教育与食宿等所有教育福利。今天,我们对于中小学生免费提供伙食的制度还时常存有争议,而早在15世纪时朝鲜便已经开始实行这种制度,从15世纪世宗在位(1418—1450年)时至18世纪,朝鲜都拥有这样的财政能力。与今天我们所认为的相比,朝鲜的教育福利更加普及。

托马斯·凯特(T.Carter)、哈德森、霍布森等西方史学家都认为,18世纪之前朝鲜的印刷术是全世界最先进的,谷登堡通过模仿高丽的金属活字制作出了罗马字母的金属活字。史学家席文(N.Sivin)在1990年的作品《中国史上的科学与医学》之中曾经一语道破:

印刷术的起源可以追溯到6世纪的中国与14世纪的朝鲜。木版印刷首次在6世纪时出现在中国,但现存最古老的原本却源自751年的高丽。

751年属于新罗景德王时期,他建立了庆州佛国寺,并在释迦塔上供奉了《无垢净光大陀罗尼经》。

---

① 朝鲜时代国家为了培养人才而在首尔的四个地方设立的教育机构,按照其位置分布,称为中学、东学、南学、西学,设立于太宗十一年(1411年),最后于高宗三十一年(1894年)废除。

霍布森、席文、凯特、钱存训（T.Tsien）等史学家确认，1403年朝鲜人发明了金属活字，这比谷登堡的金属活字早50年。席文认为，"15世纪初在君主的积极支持下，经过不断的实验工作，（金属活字印刷）在朝鲜臻于完美"，这指的是世宗大王主导下金属活字的铸造实验工作。

中国的木活字与朝鲜的金属活字印刷术通过一些不为人所知的途径传到了西欧。中国的木版印刷术于1259年经过波兰，1283年经过匈牙利，终于在13世纪的德国流传开来，并在那里首次得到了应用。[206]凯特认为，虽然没有"直接传播"的证据显示谷登堡曾经亲眼见过朝鲜的金属活字，或者说谷登堡从某个人那里学习了金属活字印刷术，但是"间接传播"的旁证是确定无疑的，即他应该得到、看过用金属活字印刷的朝鲜书籍。第一，造纸术是印刷的前提，它已经传到西方了；第二，一系列印刷品已经流传、扩散到欧洲去了；第三，曾经去过中国的许多欧洲人都已经传播了木版活字技术的知识。关于谷登堡是否模仿了朝鲜金属活字的问题，哈德森曾经斩钉截铁地回应争议：

> 在谷登堡的欧洲式印刷术出现以前，高丽的金属活字印刷术已经有了令人瞩目的发展，而且当时远东与德国之间存在着传播新闻的连接通道，所以证明的责任应该肩负在那些主张欧洲印刷术是完全独创的人的身上。[207]

当时朝鲜的造纸术也处于世界较高水平，所制造的纸张则可用来印刷书籍。18世纪朝鲜高丽纸的品质在其坚硬度与耐久度方面都达到很高水平。根据传教士瑞吉斯（P.Regis）的证言，朝鲜的高丽纸在北京总是能卖出最好的价钱，甚至清宫里所有的窗户纸、壁纸都使用高丽纸。因此，不管在北京市场上供应多少，朝鲜的高丽纸总是很紧俏，价格屡创新高。[208]所以说，朝鲜不仅印刷术水平一流，在造纸术方面也有独到之处。

  18世纪时，朝鲜先进的教育制度不仅使朝鲜的教育福利达到世界较高水平，出版印刷术与造纸术也使得物美价廉的书籍得以普及，提高了大众的文化素养。18世纪时，正祖所担忧的稗官杂记①、小说、图谶秘记②等的盛行便是以这种高超的印刷、出版技术为基础的。世界水平的文化福利与完善的教育福利本身就足以证明朝鲜极高的生活水平，那么，朝鲜为什么没过多久就没落了呢？这是因为18世纪时朝鲜已经完全自给自足，没有什么缺憾，所以并不想接受其他文化，关于这一点我们将会在下一章中展开具体讨论。无论是何种文明，傲慢只会导致停滞与退步，朝鲜后期的没落正源于朝鲜过分的自负。

---

① 所谓的"稗官"是指专门搜集、记录中国古代君主为了体察民间风俗、政治情况而去微服私访的故事的官职之一。这种故事被称为"稗官杂记"。"稗官"后来演变成对编故事的人的一种统称，稗官杂记也不仅指称民间故事，更可以指称杜撰的虚构故事。
② "图谶"是预言未来吉凶的一种方法。图谶秘记是一种预言书籍。

第八章

论拼缀（patchwork）文明

不管人们怎么努力地挖掘理性主义,最终的结论依然指向霍布斯所言的"人与人相互为狼"与"人是自然的征服者"。

与此相对,在孔子的哲学里,人与人是朋友,是自然的客人。

人接受上天赋予的天性,把用大爱养育万物的大地视为榜样。

孔子儒家哲学就是这样一种怀有普遍生命之爱与普遍共鸣的政治哲学。

18世纪时,欧洲人纷纷被席卷在了一场景仰孔子的热浪之中。孔子儒家哲学与东亚政治文化如一声惊雷震醒了欧洲各国。1769年,在《一个哲学家的旅行》之中,哲学家皮埃尔·波弗尔热情洋溢的赞美就很好地反映了这一点:

如果中华帝国的法律能变成所有国家的法律,那么中国将会给全世界带来灿烂的未来。到北京去吧!凝视宿命的必亡者之中那最伟大的一位,他是真正完美的上天的象征。[209]

文中"那最伟大的一位"指的就是孔子。

东亚是18世纪欧洲开化思想的诞生之地,也是其他许多思想、制度的源泉,比如宽容哲学、宗教思想自由、共情论、自由市场与福利国家、权力分立与有限的君主执政、公务员考试制度与官员制度、人人平等的三阶段教育制度与身份解放等。

直到18世纪末,欧洲依然把许多女性当作女巫并处以火刑,也会把许多书籍视为魔鬼之书并加以焚毁。但启蒙主义却表现出了一种创造、确立新思想的斗志,它把"神灵附体"的欧洲与儒家文化交织起来,让欧洲实现了世俗化、人性化。威力无穷的启蒙主义重塑了近代欧洲,而其本质便是孔子主义(儒家思想)。

东亚儒家文化圈的定位

既然东亚一直在坚持孔子儒家哲学，那么为何到了18世纪后期东亚却开始落后于西欧社会了呢？甚至最近还有人奉行"唯有消灭孔子，国家才能焕发生机"的信念，掀起"孔子抹杀运动"的热潮，公然叫嚣儒家亡国论。

马克斯·韦伯（M.Weber）认为，近代的西欧之所以能够实现发展，其精神根基在于"新教主义"。最早基督教伦理是虔诚、禁欲的，它禁止人们追求利益、积累财富，这种伦理当然是反自由主义、反资本主义的。但后来基督教的传统禁忌却逐渐地被自我打破，开拓出了一种资本主义精神，而这是通过基督新教新教理的发明实现的，因为这种教理"把源于虔诚、禁欲动机的利益追逐与财富积累正当化"。按照韦伯的观点，不仅东亚的儒家哲学没有能够做到这一点，其他任何宗教也都没有做到，这是对基督教本身的一种创新性阐释。所以，近代西欧文明三位一体（基督新教、资本主义、自由主义）便得以完成了，当然其内核是帝国主义。

韦伯认为近代欧洲社会是非常优越的，他还美化了资本主义，甚至沉迷于把暴力正当化的基督新教伦理之中不能自拔。但任何逻辑都不能使通过开拓海外市场进行奴隶商业与殖民地掠夺正当化，因为这是赤裸裸的野蛮。在整个19世纪，他们在全世界掠夺，叫嚣这是他们"天赋的使命"，但这其实都只是把"野蛮正当化"的苍白无力的辩驳。

韦伯把资本主义精神与新教主义的伦理联系起来，说得头头是道，但实际上这种主张真的非常荒谬，因为与奉行基督新教的国家相比，那些奉行圣公会的或天主教的国家资本主义发展得更好。众所周知，法国信奉天主教，英国信奉圣公会，这两个国家的资本主义都更为发达，但这也仅限于欧洲。我们在前面已经非常详细地考察过资本积累的历史，结论是中国比任何欧洲国家都要早。

自公元前1世纪司马迁的《史记·货殖列传》问世以来，东亚早就开始积累资本，实行了纸币制度，可以说中国比西欧具备更好的资本主义或近代化条件。令人遗憾的是，从孔孟哲学派生出的理学系统发生了变质，变得非常封闭，沉迷于"独善"之中，未能实现"传统的重新阐释"，也未能履行主动的近代化。我们由此便把理学系统给"报废"了，被源于西欧的、排山倒海的近代化力量所吸引，纷纷模仿甚至剽窃西欧模式，进行第二轮近代化。假如18世纪时东亚传统社会里自然地产生了与西欧资本主义相匹敌的经济方式，那么人类也许可以避免野蛮、不幸的资本主义的错误。当然历史不能假设，但确定无疑的是数千年以来一直领先于西方的东方文明，终于在19、20世纪时落后于西方了。

所有文明落后的原因都可以从文明拼缀的失败之中找到，而这种失败往往是自满与封闭所导致的。16~18世纪，欧洲对东方与其他地方极为关注，并且开始探索世界各地。他们不停接受各地文明，进行改革开放，把西欧的基督教文明创新地变成新颖的拼缀型的文明。与此相对，16~18世纪期间，繁荣富足的中国根本不关注西方，更别提世界其他地方了。他们骄傲自满，甚至把西方人称为"洋夷"。16~18世纪东亚儒家文明圈的这种文化自负与封闭性让中国与东亚在整个19与20世纪加起来170年的时间里落后于西方，东亚在文明拼缀的竞争之中输给了西方。

但从19世纪末到20世纪后期百余年的时间里，东方全力以赴地学习西方，接受西方文明。所以，从20世纪末东方的经济实力便开始超越欧盟，并且在所有的工业领域都迅速产生了足以碾压西方的技术与产品种类。

我们经常把19世纪东亚的开化期称为东西文明交替期，或是冲突期，那么东西方文明之间是否真的实现了交替，或是发生了冲突呢？答案是否定的。历史上所有曾盛极一时的文明都是"拼缀型文明"，无一例外。在接受外来文明时，所有的文明都不会放弃本文明的典籍，而是会根据自己的特点，对外来文明进行独特的阐释、增删、打磨、变形，让其适应本土文化，与本土文化产生交织，这便是本书之中所主张的"拼缀文明论"。

超越冲突与融合的拼缀文明

过去人们一直认为文明是相互融合或相互冲突的,这两种观点分别构成了文明融合论与文明冲突论。

文明融合论是17世纪末由莱布尼茨首倡的。莱布尼茨一直梦想着一种普遍文明,他预计各种不同的文明会失去各自的历史特点与原典,并以化学的方式溶解,再融合成单一的世界文明。这是西欧理想主义者们的夙愿,因为他们一直盼望着东西方文明的同化,这同时也是憧憬着西欧的落后国家知识分子热切的期待。

如果文明真的像染料一般,便可以实现化学融合。但今天基督教、伊斯兰教、印度教、佛教、儒家等世界五大文明圈都依然生机勃勃,各自保有其鲜明的特点,这就否定了"融合"的现象。融合论之所以是不正确的,是由于它轻视了各文明圈固有的特点，把世界市场、国际法、国际机构等误认作了普遍文明的因素。对此，我们可以看一下过去蒙古帝国与现代社会的例子。蒙古帝国曾经凭单一的权力网罗了多种文明，而在现代的国际社会里，联合国、国际法等在五大文明圈里共存共生，所以说普遍权力、世界市场、国际法、国际机构与文明的融合现象没有关系，这些因素只不过是促进各文明圈之间进行接触与交流的催化剂。在现实生活中，文明融合论作为一种意识形态，它的作用是让西欧基督教文明圈对其他文明圈单方面的同化、抹杀开展得更为顺畅。另外，文明融合论还经常与文明冲突论的权力逻辑悄悄融合。

与此相对，文明冲突论则认为不同的文明之间的关系只有斗争与排斥、支配与从属，所以持这种观点的人大部分都是帝国主义势力或反帝斗争势力。例如过去的"西欧化论"（在非西欧国家之中贯彻西欧各帝国的统治），塞缪尔·亨廷顿（S.Huntington）的"文明冲突论"，自20世纪末美国华尔街所鼓吹的"全球化论"就都属于文明冲突论。其中，"全球化论"在2008年华尔街金融危机之后再难寻踪迹，它其实是对以前西欧化理论的一种反复，原本"华尔街标准"意味着"美国化"，而这种"全球化"则是对"华尔街标准"的西欧化论，从这一点来说，这种"全球化论"强调"全球化标准"，把文明冲突论包装成了融合论，要说新颖的话，这种理论确实是挺新颖的。

文明冲突论认为本土文明与其他文明之间非友即敌，但两次世界大战与同一文明圈内部发生的数次战争都否定了根据文明的界限划分敌友关系的做法。冲突论之所以是不合适的，就因为它把"文明"错误地认作了"权力"。

如果说文明的本质真的是权力的话，那么文明之间发生冲突就是必然的，因为权力会把斗争视为一种理所当然。但比起融合或冲突，各种文明之间相互影响的趋势更加明显，这种影响是以各种文明的固有特点为前提的，包括对一种文明的共鸣、羡慕、模仿、复制、传染、传播，以及人与人之间的移动、交流、合作等。文明的特点是对本土文明的特质拥有一种强烈的自负与比较意识，并且对其他文明的发展水平非常敏感，所以文明必然会由发达地区流向欠发达地区，而人的流动方向恰恰相反，是从欠发达地区流向发达地区。文明既不是一种像染料般的"化学物质"，也非"权力"，它是对特点与发达程度非常敏感的一种生活方式，而生活方式就是人与文明的特点，一个人是什么样的人就意味着他有什么样的生活方式，而一个人的生活方式则会体现出他是怎样的一个人。

各种文明以本质特点为前提相互结合，但不是融合；各种文明相互拼缀，而不是冲突。为了更准确地捕捉到文明的这种特点，我使用了拼缀（patchwork）这个词语。所谓的拼缀（patchwork），原本是指用丝线或黏合剂把各种碎布拼接在一起而形成的一种拼缀纤维品，它也可以指拼缀的行为，后来它的意义有所扩大，也可以用于文化艺术作品。总之，拼缀的主旨便是把各种不同的碎片以特别的技巧粘贴在一起，创造出一种风格独特的成品。如果我们把文明理解成拼缀，那么所有文明的本质也都是拼缀的文明，不仅各种不同的文明会被拼缀在一起创造出一种新的文明，各种文明本身也是拼缀的产物。

拼缀文明具有一定的自我批判式的开放性。它们从外部接受文明的因素，用固有的方法去打磨它，然后用特别的方式去阐释它、歪曲它，再用传统的丝线与黏合剂粘贴、织补，完善本土文化的缺点与不完美之处。文明会模仿自己所景仰的外部文化，再与内部的本土文明相互拼缀，使其自身的特点为之一新，实现自我的完善，加强自我的创造力，然后发展到更高的阶段。

在经过共鸣、羡慕、模仿、复制、传播、传染、交流、合作等过程之后，文明的拼缀就会从较高的地方流向较低的地方。相反，人则会从较低的地方流向较高的地方，产生"人才流失"（brain drain）与"体力劳动者、运动员、女性的外流"（brawn drain）现象。但当一种先进文明盛极一时，便往往会逐渐傲慢起来，而落后文明会基于一种共情对先进文明产生一种羡慕的情感，所以落后文明会出于一种自卑努力地去模仿这种先进文明。在经过一段时间以后，时而会发生先进文明与落后文明换位的大逆转，然后再次产生"人才流失"（brain drain）与"体力劳动者、运动员、女性的外流"（brawn drain）现象。

世界史上一个比较特别的现象是，西欧文明与东方文明分别位于极东与极西的两端，自丝绸之路开辟以来一千多年的时间里，在这两个地区这种拼缀现象是交互发生的。虽然西欧文明圈与其他文明圈之间也存在着这种拼缀现象，但都没有像西欧文明圈与儒家文明圈的交互式拼缀这么强烈、迅速、敏感、顺利。今天，东亚人对西欧文化与流行的变化非常敏感，而西欧人也同样对东亚的艺术文化与经济发展形成了敏锐的嗅觉。而西欧文明与伊斯兰文明、西欧文明与印度文明、西欧文明与佛教文明之间却并不存在这么强的敏感度、敏锐度。从这个角度来看，"东方主义"把反帝国主义的斗争逻辑变成了一种文化理论，这种产自中东的反西方的意识形态对我们东亚人来说，是与"洋夷论"同样有害的，因为东亚与西欧应该像莱布尼茨所希望的那样，继续向对方派遣"传教士"，相互教导、相互学习，成为一种特别的"文化伙伴"。当然，现在的"传教士"不应该是传播宗教的"传教士",而应当是文化的使者。

拼缀文明是一种创造性的"自我决定体",即隐得来希(entelechie),它超越了与外来因素的折中,但其中依然保留了拼缀因素的原籍。朝鲜的沈菜[①]与原产自墨西哥的辣椒相互拼缀而形成的"泡菜"便是一个鲜活的例子。拼缀而成的泡菜是朝鲜固有的终结体,但沈菜是朝鲜的本土食物,辣椒的原产地是墨西哥,这两个都是亘古不变的事实。

与泡菜同理,各种文明也通过拼缀创造出凝练、高水平的新文明。文明拼缀的能力与该文明自我批判式的开放性成正比,文明也会随之或兴起或衰败。西欧基督教文明拼缀了东亚文明,通过文艺复兴与启蒙运动使中世纪文明得以进步,屹立于世界史之巅。黄河文明之所以会发展成儒家文明、印度文明之所以会发展成印度、佛教文明,也都得益于这种拼缀。相反,封闭的埃及文明,孤立的印加文明与阿兹特克文明,跟外部世界接触后便立刻消失了。

从拼缀的角度来看,现在五大文明圈的发展轨迹就很清楚了。与基督教、儒家文明相比,伊斯兰教、印度教、佛教文明的发展水平较低。西方文明成功地实现了与儒家文明的拼缀,变身为先进文明,而儒家文明圈则拼缀了四方蛮夷的文化,在悠久的岁月里曾极度繁荣,后来儒家文明日益傲慢,拒绝拼缀,最终在百余年间受尽屈辱。但儒家文明知耻而后勇,通过激烈的拼缀,凭着一股要制造出比"真货"还要好的"假货"的劲头,成功地实现了后来者居上。

所以说,东亚文明并非"纯种儒家文明",但它也不是毫无

---

① 沈菜:沈,汁,做泡菜的液体。

儒家特色的"杂种文明",而是一种"用多种文化拼缀而成的、拼接形态的儒家文明"。它把外来文明的碎片打磨成符合儒家标准的形态,然后把它镶嵌在现有文化之中,再用儒家文化的黏合剂与丝线把它们缝起来,形成了这种多文化的文明。来自各种文明圈的外来文化喝了儒家的水以后,就散发出了儒家的味道与风姿。以这种味道与风姿做公因子,就会使这些外来因素与现有文化非常匹配,甚至就连这些因素之间也变得息息相通。通过这种特别的拼缀,东亚文明即便在热火朝天的西欧化过程之中,也能够再次刷新自我,使自己成为更为有力的儒家文明,而且这种刷新每天都在进行,这就是我们东亚儒家文明圈目前的情况。

  眼前,我们的身边正发生着文明大逆转的现象,我们可以感觉到世界史的中心正在从"西"向"东"回流。从经济方面来说,已经赶超日本的中国在制造业生产量方面已经超过美国,夺回了世界第一的位置。儒家文明圈八个国家和地区的GDP总量已经接近欧盟二十七国的总量。而从联合国开发计划署所公布的2010年度人类发展指数的排名来看,日本(第11位)与韩国(第12位)已经超越了瑞士(第13位)、法国(第14位)、英国(第26位)等主要西方国家。到2020年左右,中国将超过美国成为世界第一,韩国、日本会争夺第3、第4的位置,这一成果应该说是得益于儒家文明圈的拼缀能力。我们再也没有必要贬低亚洲的价值,也不要再自我否定,现在我们已遇到了干净利索地抹去西欧情结的最好时机。

为何再提孔子

自20世纪后半叶以来，东方经济发展的成就举世瞩目，甚至一度让"儒家资本主义"这种词语流行开来，使我们重新认识了亚洲的价值观——儒家思想。

2008年北京奥运会的开幕式上处处是孔子的形象，张艺谋导演了一场令全世界屏住呼吸的演出：孔子与三千弟子手持竹简游行，这预告了孔子的华丽复兴。中国把孔子树立为新的国家品牌，在世界各地不断兴建孔子学院与孔子研究院。截至2015年，全球各地共有三千多所孔子学院。

首尔钟路区明伦洞成均馆大学正门的右侧是朝鲜时代唯一一所大学机构——成均馆。成均馆包括大圣殿与明伦堂两座建筑，其中大圣殿是一所祠堂，里面供奉的是儒学圣人的牌位，而明伦堂则是授课之处。大圣殿与明伦堂之间伫立着两棵近600岁的银杏树。大圣殿是韩国第141号宝物，里面一共供奉着39个牌位，其中包括孔子、孟子在内的21位中国伟人，以及薛聪、崔致远等18位朝鲜伟人。

大圣殿每年举行两次"释奠祭"，这是祭奠孔子的一种仪式，分别于孔子的忌日即5月11日与孔子的诞辰日9月28日举行。朝鲜半岛上首次举办释奠祭是在717年新罗圣德王时期，并一直绵延至今，以这种传统方式举行祭奠仪式的地方只有朝鲜（韩国）。1947年以后释奠祭便在中国销声匿迹了。2000年以后，中国政府与大学等机构开始来韩国学习释奠祭。《论语》中曾记载了一段六十四人共跳的八佾舞，没想到中国未能坚持到底的仪式反而在韩国被原封不动地传承下来，然后重新传回到了宗主国。

那么韩国人为何如此热爱孔子呢？儒学家、韩国学家柳承国教授曾经说过："我们需要注意，从历史上来看，儒学形成于与东夷族的关系之中。"[210]实际上，在《论语》里，孔子对于无法在中国推行"道"感到很惋惜，所以他想漂洋过海到九夷去居住。有个弟子说："那里那么简陋，怎么住呢？"结果孔子说："有君子居住，怎么会简陋呢？"这里的九夷指的便是东夷，即山东半岛与朝鲜半岛一带，孔子就是山东曲阜人，所以他认为，比起西部的中国人（汉族），他与东夷更近。孔子有些后裔就越过孔子想越过的那片海，来到朝鲜半岛扎下根来，所以说无论从文化上还是从血统上，韩国与孔子都非常亲近。当然，东夷的范围是很辽阔的，韩国属于东夷，但东夷并不仅仅是指朝鲜民族的祖先。

目前，随着东亚儒家资本主义的崛起，东亚人的自信心日益增强，所以孔子复兴的趋势日益明显，我们也更加需要真正了解我们究竟是谁。一段时间以来，儒家的特点一直被西欧追随主义所压抑，如今是时候去明确捕捉儒家的本质特点了，而如果我们不认真学习孔子，就不可能做到这一点。同时这也是重新发现东亚价值、培养文化自信的一个过程。

孔子儒家哲学之中蕴含着巨大的潜力与美好的蓝图，它将引领21世纪的东亚未来。如前所述，18世纪时欧洲启蒙哲学家们很多都非常崇拜孔子，并利用孔子的思想实现了欧洲的开化。名著《中国与欧洲》的作者利奇温曾经这样评价孔子："孔子是启蒙主义的守护圣人。"所以，欧洲启蒙运动就是"孔子对欧洲的启蒙"，而非其他。

17世纪时孔子的典籍就已经全部被译介到欧洲了，18世纪时欧洲哲学家在孔子典籍里发现了新的哲学，他们通过孔子的学说，"开化"了被"神学的侍女"——经院哲学与希腊理性主义所禁锢的欧洲。而如今的东亚却中了西欧理性主义的魔法，但孔子必将发挥其巨大的哲学能量，再次让东亚实现"开化"。

如今，西欧的理性主义已经处于一种支离破碎的状态，孔子儒家哲学将会成为它的替代哲学。经过百余年的启蒙运动，欧洲力量得到了极大的提升。但是，以1789年法国大革命为起点，欧洲思想界便放弃了孔子儒家哲学与经验论，再次回到了柏拉图、笛卡儿、康德之流的理性主义思潮，而其结果则是凄惨的。理性主义把理性神格化，降低、压抑人类的感性与情感，蕴含着科学的人类支配与自然征服的意识形态，最终因此走向了破产。理性的哲人统治者与科学家秉持"人类无所不知"的科学全知主义的知识权力，变革人类社会，肆意破坏自然，其结果是，在革命独裁与机械化的战争之中，无数性命被残杀、被戕害，大自然也遭到了无法挽回的破坏。

人类必须做出实践性的决断,唯有如此才能继续生存。我们应该让哲人统治者论、人类改造论、科学的自然征服论、科学的种族主义等科学万能主义退出历史舞台,禁止或者限制在化学、原子能、基因、生命工程领域的一些危险的科学知识或研究活动,但理性主义之中却没有支持或是加强这些实践性决断的理论对策。不管人们怎么努力地挖掘理性主义,最终的结论依然指向霍布斯所言的"人与人相互为狼"与"人生自然的征服者"。相反,在孔子儒家哲学里面,人是人的朋友,也是自然的客人,人接受上天赋予的天性,把用大爱养育万物的大地视为榜样,孔子儒家哲学就是这样一种怀有普遍生命之爱与普遍共鸣的政治哲学。《论语》有云:"子钓而不纲,弋不射宿"(孔子用鱼竿钓鱼而不用渔网捕鱼;孔子用弋射的方式获取猎物,但是从来不射取归巢栖息的鸟兽),他的共情与情感传染基于一种本能的生命之爱,甚至把动物与植物也囊括在爱的对象里,把环境变成了伦理的一部分,所以最终他把生命万物紧紧拥入怀中,使山川有情,让它们变成了绝对无法舍弃、离去的地方。

对人的爱与对大自然的爱,它们之所以可以被称之为"大德"在于它们并非源自理性,而是单纯地源于怜悯生命的一种共情的天性。比起理性,孔子儒家哲学更加重视感性,比起推理,孔子儒家哲学更加重视经验。孔子认为天性的欲望与情感是善的,他把道德共情视为道德的端倪,比起知识,他更加重视仁义的德性。

自休谟与斯密以来,西欧文化重视经验主义,而东方文化则一直以经验主义、感性为中心。在当前时代,二者应该相互结合、相互补充、相互完善,然后拉开可持续的新文明的序幕。与西欧经验主义紧密结合的孔子儒家哲学,才是能够清算东西方的理性主义、设计人类新生活蓝图的、无可替代的哲学。

书中之书：
孔孟思想的根源与孔子的人生

孔子周游列国十四年，他重视经验甚于理性。孔子曾经这么说自己："我非生而知之者，好古，敏以求之者也（我不是生来就有知识的人，而是爱好以前的东西，勤奋敏捷地去求得知识的人）。"孔子所说的"古"，并非指"古代的东西"，而是指或远或近的过去经验，或是经验资料。

孔孟思想一下子便迷住了欧洲人，促进了启蒙主义萌芽的产生，那么孔子思想的根源在哪里呢？孔子并非横空出世的天才或是说才子，他属于"温故而知新"类型的圣人，孔子思想当然继承了古代与夏商周三代的优良传统。

所以要理解孔子与古代中国的政治哲学，就必须了解中国五帝与夏商周时代的一些基本常识。在"书中之书"这一部分，笔者将会把关于五帝的一些神话、夏商周的历史，以及春秋时代孔子的生活与西欧哲学进行比较，考察其在认识论方面的一些特点。

东亚的乌托邦：
大同社会

17、18世纪，西方传教士把中国古代史传播到了欧洲。这些古代史之中包含了尧帝、舜帝以前的伏羲氏、神农氏与黄帝，是为五帝时代，但其实在《易经》里孔子并没有承认伏羲氏、神农氏与黄帝所处的时代是一段真正的历史。因为关于五帝的神话并没有文字记载，属于口传的史前时代，就像欧洲的希腊、罗马神话一样，孔子把他们的故事归为了东亚的古代神话。

孔子把中国古代史大致上分为了大同时代与小康时代。在大同时代，大道实行，天下是属于公众的，而不属于一个家族，这是尧帝、舜帝的时代。

孔子在《礼记·礼运》之中曾这样描述大同时代：

大道之行也，天下为公：选贤与能，讲信修睦。故人不独亲其亲，不独子其子；使老有所终，壮有所用，幼有所长，矜、寡、孤、独、废疾者皆有所养；男有分，女有归。货，恶其弃于地也，不必藏于己；力恶其不出于其身也，不必为己。是故谋闭而不兴，盗窃乱贼而不作，故外户而不闭。是谓"大同"。

（在大道实行的时代，天下是属于公众的。选拔道德高尚的人，推举有才能的人。讲求信用，敦厚人与人之间的关系，使它达到和睦。因此人们不只是敬爱自己的父母，不只是疼爱自己的子女。使老年人得到善终，青壮年人充分施展其才能，少年儿童有使他们成长的条件和措施。老而无妻者、老而无夫者、少而无父者、老而无子者，都有供养他们的措施。男人有职分，女人有夫家。财物，人们厌恶它被扔在地上，但不一定都藏在自己家里。力气，人们恨它不从自己身上使出来，但不一定是为了自己。因此奸诈之心都闭塞而不产生，盗窃、造反和害人的事情不会出现，因此不必从外面把门关上。这是高度太平、团结的局面。）

孔子所说的"大同世界"与现代人所追求的普遍福利社会很相近。这种大同社会的形成要有两个基础，分别是共同体的团结与礼的实现，是自发、自然产生的一种相生的社会。

黄帝被视为中华民族共同的祖先，据说他得到了上天所赐予的"宝鼎"。帝喾是黄帝之孙，他一出生便说出了自己的名字，他广施恩惠，不追求私人利益；他耳聪目明，可以听到很远的声音，也可以看到很微小的东西。帝喾把帝位传给了次子，但是他没有能够处理好政事，所以帝喾的长子便代替他登上帝位，这便是历史上有记载的第一位帝王——尧帝。

尧帝仁慈如天、智慧如神，他虽然被称为"帝""天子"，但其实只是父系氏族社会部落联盟的一位首领。七十岁时，尧帝要决定替他执政之人时，并没有选择他的长子，而是决定以举荐的方式确定人选。当时虞国的舜以孝闻名，于是有人举荐舜继承帝位，尧帝便把女儿嫁给了舜，以此来考验舜，后来尧帝让舜摄政，自己归隐。尧帝把帝位禅让给舜以后，舜要把帝位让给尧帝的长子，但诸侯与人民一心只希望舜登上帝位，舜不忍违背民意，最终终于登上天子之位。

舜帝给每一位臣子赋予适合他们的职责，让国家富强了起来，尤其是舜帝的臣子禹功勋卓著，舜帝便让他治理天下，果然成为太平盛世，凤凰都飞到这里。天下明德起源于舜帝之时，舜帝在死之前，把帝位禅让给了臣子禹。

夏朝：
夏道尊命，事鬼敬神而远之

禹帝所建立的夏朝（公元前2070—公元前1600年）结束了大同时代，拉开了小康时代的序幕。孔子认为，与大同时代不同，在夏商周等小康时代大道消逝，私利私欲横行，但同时这几个时代也很重视礼与义。

"今大道既隐，天下为家：各亲其亲，各子其子；货力为己；大人世及以为礼，城郭沟池以为固；礼义以为纪——以正君臣，以笃父子，以睦兄弟，以和夫妇；以设制度，以立田里；以贤勇知，以功为己。故谋用是作，而兵由此起。禹、汤、文、武、成王、周公，由此其选也。此六君子者，未有不谨于礼者也。以著其义，以考共信，著有过，刑仁，讲让，示民有常。如有不由此者,在执者去,众以为殃。是谓'小康'。"

(如今大道已经消逝了,天下成了一家一姓的财产。人们各把自己的亲人当作亲人,把自己的儿女当作儿女,财物和劳力都为私人拥有。诸侯天子们的权力变成了世袭的,并成为名正言顺的礼制,修建城郭沟池作为坚固的防守。制定礼仪作为纲纪,用来确定君臣关系,使父子关系淳厚,使兄弟关系和睦,使夫妻关系和谐,使各种制度得以确立,划分田地和住宅,尊重有勇有智的人;为自己建功立业。所以阴谋诡计因此兴起,战争也由此产生了。夏禹、商汤、周文王、周武王、周成王和周公旦,由此成为三代中的杰出人物。这六位君子,没有哪个不谨慎奉行礼制。他们彰明礼制的内涵,用它们来考察人们的信用,揭露过错,树立讲求礼让的典范,为百姓昭示礼法的仪轨。如果有越轨的反常行为,有权势者也要斥退,百姓也会把它看成祸害。)

相传夏朝立国470年,是一个传说中的古国,在《史记》里有记载。在现代随着遗址的不断发掘,夏朝的历史逐渐被视为史实。在位十年以后,禹帝便把帝位禅让给了他的大臣益,然后驾崩。服丧三年之后,益又把帝位让给了禹帝的儿子启,自己到箕山之南去躲避。这次诸侯选择了启,所以禅让的制度在夏朝便中断了,君主世袭制的时代拉开了序幕。

对于夏朝政治文化的特点,孔子总结道:"夏道尊命,事鬼敬神而远之,近人而忠焉(夏代的治国原则是崇尚君主的政教,侍奉鬼神但敬而远之,亲近人并且待人忠厚)。"那么,如何才能做到恭敬天与鬼神呢?在面临事情的时候全力以赴,不问、不依赖于鬼神,这便是敬天与鬼神之道。如果人们做事情时不全力以赴,反而懈怠懒惰,依靠上天与鬼神,这便是亵渎上天与鬼神的一种不敬的做法。相反，当面对只有上天与鬼神才知道、能做到的事情时，一定要问问上天与鬼神才能去做。对于那些仅凭人力无法了解、无法承受的事情，却要傲慢地装作凭借人力能够了解、能够解决的样子，并且怠于对上天与鬼神的祭祀和敬拜，那便是亵渎上天与鬼神，是大不敬的。

　　夏朝的最后一位君主桀沉迷于美色，生活奢靡放荡。对于夏桀酒池肉林①生活，诸侯们感到非常失望，于是纷纷背叛他，但是夏桀不但没有改善自己的德行，反而以武力镇压百姓、远离忠臣，苛政更为严酷。同时，殷商族的首领汤虽然只有70里的土地，却实行仁政，赢得了民心。汤看到百姓遭到夏桀苛政的蹂躏，便顺天命得民心，率领军队攻打夏桀。这场战争中，汤取得了胜利，然后宣布施行德政，诸侯纷纷宣布服从汤的领导。汤登上帝位，平定了全国的战乱，建立了商朝。这一场"革命"，便是孟子所强调的、中国历史上第一次易姓革命。

---

① 以酒为池、以肉为林，形容豪华的宴会。

商朝：
先鬼而后礼

商朝所侍奉的最高守护神称为"帝"或者"上帝"，其次是祖先神与自然神。商朝的统治者敬拜祖先神，期望祖先神可以保护自己，同时通过这种做法来加强政权的权威。

殷商族人相信，君主可以与祖先神沟通，而祖先神会把沟通的内容转达给上帝。上帝与祖先神唯有通过天下至尊即商朝的君主才能在这片土地上实现自己的意志，由此商朝君主的支配权便被神化了。祭祀祖先神的仪式每天都要进行，完成这个祭祀需要一年的时间，所以商朝人也把一年称为"一祀"。

到了商朝末年，这种神权的面貌与特点逐渐弱化，王权与世俗国家的面貌与特点逐渐得到强化。商朝最后一位君主纣对祖先神的祭祀漫不经心，这也是周武王易姓革命的一个理由。在世袭制度方面，一开始王位由王室中的最长者继承，后来发展到兄死弟及，以及嫡长子继承。

汤建立了商朝以后治国多年，他驾崩以后由太子即位。但每一位太子登基后都活不过四年就都驾崩了，后来商汤的长孙太甲即位，三年后，太甲暴虐百姓，所以被幽闭于东宫三年。后来他悔过自新，诸侯又将他迎回，重新服从于他，百姓也得以安宁。

对于商朝的政治文化，孔子总结道："殷人尊神，率民以事神，先鬼而后礼，先罚而后赏，尊而不亲。其民之敝，荡而不静，胜而无耻（殷人尊崇鬼神，领导人民侍奉鬼神，重鬼神而轻视礼仪，重刑罚而轻视奖赏，尊严而不亲和，这给人们造成的弊端就是愚蠢无知，骄傲粗野，笨拙不知道文饰）。"

商朝的末代君主纣王天资聪颖，判断力很强。他凭着才能在大臣面前夸耀，凭着声威到处抬高自己，认为天下所有的人都比不上他。他嗜好喝酒、放荡作乐、宠爱女人。他特别宠爱妲己，对妲己言听计从。他加重赋税，把鹿台钱库的钱堆得满满的，把粮仓的粮食装得满满的。他多方搜集狗马和新奇的玩物，填满了宫室，又扩建沙丘的园林楼台，捕捉大量的野兽飞鸟，放置在里面。他对鬼神傲慢不敬。纣王如此荒淫无度，百姓们怨恨他，诸侯有的也背叛了他。于是他就加重刑罚，设置了叫作炮烙的酷刑。①

在商朝西面边境的蛮夷之地有一个小国，名为周。周国有一位叫作昌的诸侯，人们一般称他为西伯昌。他以祖先的法度为典范，推行仁政，敬老爱幼。对于仁者，他谦逊有礼、礼贤下士，为了招待贤士，他每天连吃饭的时间都没有。商朝的诸侯之一孤

---

① 堆炭架烧铜柱，令人行走其上，以致落火被焚身亡的一种酷刑。

竹国的王子伯夷、叔齐也说:"听说西伯昌能赡养老人,为什么我们不去投奔他呢?"西伯昌的德政得到了诸侯的支持与周围百姓的信任,于是周国的疆土不断扩大。

但西伯昌却受到了崇国诸侯虎的诬陷,于是商纣王便把西伯昌拘于羑里狱长达七年之久。① 《周易》的"潜龙勿用"(潜藏的龙不能有所施为)这一卦辞便是对这一历史事件的记载。西伯昌的臣子向纣王献上了有莘氏美女、骊戎之文马、有熊九驷,以及其他珍奇的宝物。纣王大悦,于是下令赦免西伯昌出狱。西伯昌出狱以后,向纣王请求废除炮烙之刑,于是纣王便下令废止,但后来纣王继续任用阿谀奉承与暗中加害于人的诽谤之徒,由此诸侯便纷纷疏远了纣王。

西伯昌返回周国以后,更具有危机意识了。他每天励精图治,甚至连吃饭的时间都没有,晨昏都要反省一天所做的事情。对于这一段时间,《周易》里的描述是:"君子终日乾乾,夕惕若,厉无咎(君子白天勤勉于所做之事,到了晚上还要像随时会遇到危险一样警惕,才不会有过错)。"后来,西伯昌儿子姬发在姜太公的辅佐下发兵讨伐纣王,并取得了胜利,形成了"三分天下有其二"的形势。

西伯昌的势力日益壮大,纣王的威势日益消减。有一次,两个诸侯国之间发生纠纷,他们便去找西伯昌,希望由他做出公正的仲裁。来到周地,他们看到周国人相互谦让,长幼有礼,非常惭愧,便相互礼让而去,纠纷也就解决了。诸侯听闻了这件事情,便认为"西伯昌大概是受命于天的君主吧"。

西伯昌迎娶了太姒为夫人。这位夫人的打扮很朴素,与普

---

① 据说西伯昌被拘于羑里时,将《周易》的八卦演绎为六十四卦。

通人无异，甚至还与普通人一样下田干活，西伯昌非常理解百姓辛劳的生活。自他从羑里狱里出来以后，便积极走到普通百姓之间，与他们共同劳作，从他们之间选取人才。同时，他吸取了过去下狱的教训，经常派人去朝见当时仍然健在的最高领导人纣王，与他合作，以确保自己的人身安全。为了提高本国百姓的生产力与精神面貌，他废除了奴隶制的残余，分发土地给百姓，封建制度从此时开始确立。殷国与周边各国的奴隶纷纷逃到周国，以寻求庇护。

西伯昌驾崩以后，人们便尊称他为"文王"，世子发即位，是为武王。文王驾崩当年周武王姬发便兴兵向东征讨，伯夷、叔齐拉住武王的战马劝阻说："父死不葬，爰及干戈，可谓孝乎？以臣弑君，可谓仁乎？[父亲死了尚未安葬，就动起干戈来，能说得上是孝吗？以臣子（周国王）的身份而杀害君王（殷国王），能说得上是仁吗？]"这时，武王手下欲动武，被姜太公制止。姜太公说："此义人也"，扶而去之，并劝说武王把出兵日期推迟至服丧期满以后。

事已至此，纣王竟仍不思悔改，自负有天命的庇佑，于是更加淫乱暴虐。他的叔父比干冒死谏言，结果纣王震怒，说："吾闻圣人心有七窍，信有诸乎？（听说圣人之心有七窍，是这样的吗？）"他命人挖出比干的心脏，看看比干心有几窍。忠臣们感到害怕，纷纷逃到周国去了，纣王的情况每况愈下。对于当时的情况，《周易》里的描述是："亢龙有悔"（飞得太高的龙反而会后悔）。

公元前1123年（1044？），周武王服丧满三年，集齐诸侯与士兵，说道："现在殷王纣竟然听信妻妾之言，自绝于上天，违背天理，疏远自己的同祖兄弟，废弃其先祖的音乐，敢采用淫乱的音乐去窜改典雅的音乐，以取悦于他的妻妾，所以现在我要替天行道。"

纣王的军队虽然人多，但都无心作战，只盼周武王赶快攻入。在周军强大威慑下，纣王的军队丢盔弃甲转而攻击纣王，为武王做内应。纣王逃跑，退入城中，登上鹿台，自焚而死，相当于自己受了炮烙之刑。这是中国历史上第二次易姓革命。

周朝：
尊礼尚施，事鬼敬神而远之

周武王终于登上天子的宝座，周朝（公元前1046—公元前256）宣告成立。武王废除了自夏商以来的奴隶制度，把封建制定为新的体制，他把兄弟、亲戚、功臣、家臣等分封为诸侯，构建了新的帝国体系。建立周朝的一等功臣姜太公被封为了齐国诸侯，而对于被纣王逐出的纣王的各个儿子，武王则把他们分封在了商朝王室的土地上，使他们能够延续殷国的祭祀。对于易姓革命的成功、武王登极、向功臣分封等事，《周易》里面的描写是"龙飞在天，利见大人"。

但孤竹国的伯夷、叔齐则拒绝食周粟，他们藏身于首阳山，采集这里的薇菜食用，最后饿死在山里。后来孔子高度赞扬他们为"清节之士"，认为虽则武王消灭暴虐的君主是上天的旨意，但伯夷、叔齐作为纣王的臣子，已经尽到自己的为臣之道，可以称为"仁"了。总之，孔子在评论一件事情的时候，不会完全站在胜利者的立场上，对于失败者的立场也进行忠实的评价。

周朝建立以后，政治局势依然很严峻，武王身负沉重的使命，日夜不能成眠。在消灭商朝三年以后，武王因东征西讨、过度劳累而最终躺在了病榻之上，大臣们虔诚占卜，非常畏惧，但武王最终驾崩，襁褓之中的太子即位，是为成王。

商朝把帝或者说上帝视为守护神，而周朝则把非人格的"天"视为最高神，周朝对商朝的胜利，被周人视为天对帝的胜利，革命意味着上天成了至高无上的统治者。

商朝末年君主失去了民心，热衷于祭祀，加强专制，而周朝君主则认为有德之人会受到上天的帮助，无德之人则受到上天的抛弃。敬天、保民、明德的思想要求周朝统治者不仅要爱护本国的百姓，还要包容别国的百姓，这种思想成为周朝统治的核心，与商朝伴随着崇帝思想相比，这种思想要更进步得多。

在敬天、保民的统治思想的指导下，周朝开始把"礼"与"刑"变成一种系统的统治方法，这是统治万民的根本对策。原本"礼"是人们接近神时必需的典礼程序与禁忌，只有那些能靠近神的人才需要。但是周朝的"礼"却超越了人与神的关系，扩大为人与人的关系，成为一种综合了宗教、政治、法律、道德的支配阶层的文化。这起源于以天地为典范的观念，后来被原封不动地反映在了孔子的哲学之中。

周朝的"天"兼具商朝的上帝与祖先神的特点，他是天地万物的主宰，周王即"天子"则是"天"在地上的代理，他治理百姓，是土地的主宰，而礼则是上天意志的具体体现。

但天子的权威不断衰退，社会秩序崩塌，敬天思想发生了动摇。渐渐地，轻视鬼神、重视百姓的"重民思想"开始萌芽。到春秋时代，这种倾向越发明显。因此，人们开始从人的角度去阐释礼，不再把它视为上天的意志。他们强调先民后神论，认为"民为神主，先民后神（百姓是神之祭主，所以圣君会首先关怀百姓，然后才会为神倾注心血）"。他们还说："占卜是为了为心中的疑问做出决定，如果心中没有疑问，那么为什么要占卜呢？"这否定了占卜的权威性。他们一方面强调世俗的、以人为中心的吉凶观，即"祸福无门，惟人自召"，另一方面又声称"天道远，人道迩"。正是在这种氛围里，为了克服春秋时代礼崩乐坏的秩序，孔子便创造出了一种改革哲学，借以复兴周朝的礼法，这种改革哲学便是"从周论"。

文明之光：
孔子的出现

　　春秋时代始于公元前720年，终于公元前403年，长达310多年，孔子便生活于春秋时代。孔子出生于公元前551年阴历八月二十七日，成长于鲁国昌平乡陬邑阙里。春秋时代，天下风雨飘摇，数百个诸侯国之间相互征战、兼并，诸侯国数量急剧减少，最终只剩下以周国为首的十五个国家。当然，除了这些国家以外还有一些很小的国家，但他们或是依托于别的强国，或是向别的强国朝贡，苟延残喘而已。鲁国虽位列强国，但势力却是其中最弱小的，周围大国环绕，深受战争与穷困之苦，尤其是齐国经常侵犯、干涉鲁国，鲁国深受其害。后来，孔子也因为齐国的阴谋与美人计而遭到了沉重的政治打击。

　　孔子出身于宋国王族，他的高祖从宋国亡命至鲁国。孔子是商朝最后的王族微子的子孙,所以他算是商汤比较远的支系,所以孔子平时都自称殷人。孔子的父亲叔梁纥是鲁国赫赫有名的将军,他的妻子施氏接连生了九个女儿。为了子嗣考虑,叔梁纥决定纳妾,并最终生下一子,即为孟皮,但孟皮的腿脚有些问题,所以孔纥再次纳鲁国名门闺秀颜征在为妾,才有了孔子。司马迁将叔梁纥与颜征在的关系称为"野合",或许是因为叔梁纥当时年近七十,却纳了十六岁的妙龄少女为妾,也没有举办仪式,所以才有这种评价。颜征在担心丈夫年事已高无法生子,便来到尼丘山祈祷,后来便有了孔子,所以孔子名丘。

孔子三岁时父亲便逝世了,家势自然也就没落了。十岁时,孔子的母亲也离世。孔子历经苦难,从一个孤儿艰辛地成长为一名饱学之士。他没有老师,自学成才。十九岁时,孔子与宋国的亓官氏成婚,二十岁时生下了儿子伯鱼,伯鱼后来又生下子思,子思继承了孔子的思想,培养了不少弟子,子思的弟子又向孟子传授了孔子的思想。

子曰:"吾十有五而志于学",由此可见,孔子在青少年时期便立志于学问,苦读功课。他发愤忘食,以一己之力找来各种书籍,并进行阅读、学习,后来又通过周游天下历经世间之事。他倾听百姓的声音,看到了民间的疾苦,并到达了极高的学术境界。

青少年时期,孔子家境贫苦,被人们所轻视。母亲去世时孔子还不知道父墓所在,所以只能把母亲的尸首草殡[①],后来找

[①] 出于某种特殊的原因,尸首没有能够及时下葬,但尸首又不能继续停放在屋内时,就把棺材放在露天或是偏厦里,用草苫子盖在上面,以防风雪。

到父墓以后，才把他们合葬在了一起。那么，孔子为什么不知道父墓所在呢？或许是因为其本家并没有把"野合"的第二任妾室与其子孔子视为家庭成员，所以没有允许他们参加叔梁纥葬礼的缘故。有一次，季孙氏[①]大邀宾客、广请士人，孔子也到了季孙氏家去赴宴，但却遭到了季孙氏的家臣阳虎的侮辱，阳虎说："季氏飨士，非敢食子也（季孙氏宴请士子，这里不是你来的地方）"，吃了一个闭门羹。由此可知，孔子在少年时期无论是在家里还是在外面都遭人轻视。

即便如此，仍然有人能慧眼识英雄，看到孔子的学问与能力。下面这个故事发生在孔子十七岁的时候。鲁国有一位名为孟僖子的大夫，他随同鲁昭公出访楚国，到达楚国以后却不能以礼处理外交事务，孟僖子深以为耻，遂发奋学习周礼，只要是真正懂礼的人，无论是谁他都会向其请教。孟僖子死前召集诸位大夫，告诫他们说："礼，就好像是人的躯干。我鲁国有一位通达礼的人，他的名字叫作孔丘……我要是死后，你们就让我的两个儿子去跟孔夫子学礼。礼能安定他们的身份，使他们在社会上得以立得住脚。"所以孟懿子和南宫敬就去向孔子学礼。后来孔子称赞孟僖子说："一个知道而且能够弥补自己缺点的人，就是个君子。孟僖子就是值得我们效法的。"

青年时期孔子为了维持生计，曾经在握有鲁国实权的大夫季孙氏的家里做官。十九岁时，孔子被任用为"委吏"，给季氏管理仓库，出纳钱粮算得公平准确；也曾提任过管理牧场的小

[①] 当时在鲁国有三桓（孟氏、叔氏、季氏），季孙氏是对其中季氏的尊称，他们都是鲁桓公之子，所以被称为"三桓"。在鲁国这三家贵族的势力比鲁国的诸侯还要显赫。

吏——乘田，牲畜蕃息。

二十岁时孔子有机会得以拜见老子。司马迁在《史记》里记载，南宫敬叔向鲁昭公（爵位为公的诸侯）请求说："请让我与孔丘一起去周国。"于是鲁国君主赐给他们一辆四匹马拉的车、两匹马、一个侍从，他们来到周国问礼，孔子大约就是这个时候拜见老子的。对于见到老子以后的感怀，孔子是这么跟他的弟子说的："鸟，吾知其能飞；兽，吾知其能走。走者可以为罔，游者可以为纶，飞者可以为矢矰。至于龙，吾不能知其乘风云而上天。吾今日见老子，其犹龙邪！（鸟，我知道它能飞；鱼，我知道它能游；兽，我知道它能跑。会跑的可以用网捕获它，会游的可以用丝线去钓它，会飞的可以用箭去射它。对于龙，我就不知道了，它能乘着风云而上天。我今天见老子，他就像龙一样！）"在孔子对老子的这段评价里，既包含着对老子超然物外的称颂，又对其超然的真实性带有一种批判。

三十岁时，孔子做事已经非常合于礼，言行都很得当了，甚至因"礼学"而声名鹊起，名声远播邻国。对此，后来孔子用"三十而立"来形容，他还开办了一家教授六艺的学堂。

孔子的生活发生巨变是在他三十六岁那年（公元前517年）。当时，他所侍奉的鲁昭公卷入了权力斗争之中，并在与三桓的竞争之中败下阵来，流亡至齐国，所以孔子也来到了齐国。孔子身高九尺六寸，齐国人见了都觉得他很特别，称他为"长人"。

在齐国孔子成了大夫古昭子的家臣，希望能见到齐国君主景公，后来孔子终于得偿所愿。齐景公向孔子问政，孔子说："君君、臣臣、父父、子子（国君要像国君的样子，臣子要像臣子的样子，父亲要像父亲的样子，儿子要像儿子的样子）。"改日，齐景公又向孔子询问为政的事情，孔子说："政在节财（为政在于节约财物)。"孔子虽然重视礼,但其重视程度并不及"仁",他教导说:"礼,从简不从奢侈;丧事,从悲不从隆重。"

孔子在齐国虽然受到了景公的款待,但景公的臣子却纷纷牵制、排斥孔子。大夫们觉得孔子与齐景公走得很近,感到了威胁,便想要害他。孔子知道以后便离开了齐国。他周游了宋国、卫国、陈国、蔡国,又重新回到了鲁国。在这个过程之中他一直致力于学问与教育,而鲁昭公与孔子一同离开鲁国以后,在七年的时间里一直流亡于齐国与陈国之间,后来客死在陈国,这时孔子已经四十二岁了。此时,鲁昭公的弟弟定公即位,孔子在四十三岁的时候被定公任命为司寇,相当于今天法务部部长的职位。

不惑之年的孔子
因出仕的诱惑而动摇

由于叛乱与谋反事件的缘故,鲁国的政治形势一片混乱。季孙氏的家臣、曾经管理费邑的阳虎发动了一场政变,囚禁了他的主人季桓子,并杀死了其他家臣。季氏一门不懂得把握分寸,无视鲁国公室,经常做出过分的举动,终于导致了一介家臣掌握国家政权的局面。

阳虎控制了季氏家族、撼动整个国家以后,便希望拉拢孔子,提出想见一下孔子,但孔子没有见他。孔子舍弃了残忍无道的世界,专注于学问与教育,编纂了《诗经》《尚书》《礼记》《乐记》等典籍,弟子逐渐增多,从远方来拜师的人也逐渐多了起来。孔子对此非常惊讶,也非常高兴,在《论语》的第一句里孔子曾这样表达他的喜悦:"有朋自远方来,不亦乐乎!"

从孔子拒见阳虎的举动来看，他的立场是比较正直的，后来他直接放弃了政治，转而专注于学问与教育，但即便如此，孔子也曾因诱惑而动摇过。除了四十三岁时孔子曾担任朝廷的司寇一职以外，其他时间他一直在潜心研究文学，专注于教育。岁月如梭，孔子抑郁不得志，抱负无处可以施展，内心十分焦虑。后来季孙氏的家臣公山弗狃与阳虎遥相呼应，在费邑发动叛乱，想召孔子来费邑，孔子打算应召，子路就不高兴了，他说："末之也已，何必公山氏之之也？（没有地方去便算了，为什么一定要去公山氏那里呢？）"孔子说："夫召我者而岂徒哉？如有用我者，吾其为东周乎！（他们请我去，难道会让我白白跑一趟吗？如果重用了我，我将在东方建立一个像周那样的王朝！）"

这个辩白多少显得有些理屈词穷，大概没有官职、潜心修学的岁月太过漫长了，他一心想要出仕，才会显得有些慌不择路。但由于子路正直的劝谏，最终孔子没有去应公山弗狃之召，这是孔子四十九岁时发生的事情。

正如孔子所言，他并不是一个生来就有知识的人，也就是说他并不是一个神性的先知或者说神灵附体的先知，他也并不是一个不犯任何错误的完人。但他会严格执行正确的事情，犯错以后他会立刻改正，而且他一辈子都坚持了这种态度，这正是君子的特点，而这种特质是普通人无法企及的，君子是最富有人情味的社会领导人，虽然孔子从未自称君子。

孔子担任司寇八年以后，即孔子五十一岁时，终于被任命为中都宰。孔子将中都治理得井井有条，一年以后，四方都以中都为典范。因此，五十二岁时，孔子被任命为司空（相当于建设部部长），然后又升任大司寇（相当于法务部长兼大法院院长），甚至还曾兼任相国一职。

公元前500年春，鲁定公与齐景公讲和。这年夏天，齐国大夫黎鉏向齐景公建议说："鲁国重用孔丘，看这形势必然危及齐国。孔丘懂得礼仪，但没有勇气，如果派莱人用武力劫持鲁侯，一定能够如愿。"齐景公同意了他的建议，于是齐国以与鲁国会盟为借口，与鲁定公约定在夹谷会面。鲁定公原打算毫无戒备地乘车去会盟的地点，但兼任相国的大司寇孔子说："我听说办理外交必须要有武装准备，办理武事也必须有外交配合。从前诸侯出了自己的疆界，一定要带齐必要的官员随从。请求您安排左、右司马一起去。"鲁定公便让左右司马随行，孔子也带领随行团助君主一臂之力，从而避免了一场危机。

五十六岁时，孔子正式兼任大司寇与相国的职位，脸上露出喜悦的神色。他的弟子说："听说君子大祸临头不恐惧，大福到来也不喜形于色。"孔子说："是有这句话，但不是还有一句'乐在身居高位而礼贤下士'的话吗？"

孔子参与国政三个月，贩卖猪、羊的商人就不敢漫天要价了；男女行人都分开走路；掉在路上的东西也没人捡走，国政清平，民间的面貌也为之一新。

齐国人听到了这个消息就害怕了起来，说："孔子在鲁国执政下去，一定会称霸，一旦鲁国称霸，我们离它最近，鲁国必然会首先来吞并我们，我们何不先送一些土地给他们呢？"大夫黎鉏说："我们先试着阻止他们一下，如果不成再送给他们土地，应该不算迟吧！"于是他们就从齐国挑选了80个美貌女子，用120匹马拉着40辆车，一起送给鲁君，然后秘密告知季桓子，怂恿他把孔子流放国外。季桓子先把女子乐团和纹马彩车安置在鲁城南面的高门外，然后身着便服前往观看再三，并以到各地周游视察为名目，告诉鲁君自己要外出，乘机整天到南门观看齐国的美女和骏马，最后季桓子终于忍不住把这件事告诉了鲁定公，又把齐国的女子乐团引进宫中，马匹与马车也一同接受了，君臣一连三天不过问政务。鲁定公与季桓子沉迷于齐国的美色之中，不再召见孔子，孔子只能辞职，孔子的弟子子路原本是季孙氏的家臣，这时也与孔子一同离开了。

公元前496年，孔子再次离开鲁国，他的弟子有数十位都追随着他，其中包括颜回、子路、子贡、子羔、冉求等人，他们在离开鲁国的路上与他会合。孔子铲除三桓无道的家臣与弊端、中兴鲁国的远大计划就这样在齐国的计谋下化为泡影，这是孔子五十六岁时的事情。

周游列国
十四年

孔子离开鲁国后的第二年,鲁定公薨逝,其子即位,是为鲁哀公。鲁哀公三年,季桓子去世,他的庶子季康子执政。季桓子重病卧床之际,对多年前的事情感到非常后悔,他说:"从前这个国家几乎要兴旺起来却毁于一旦,这是因为我任用了孔子,却没有听他的话的缘故。我要是死了,你一定要召回孔子。"但季康子认为,当初赶走了孔子,现在又要任用他,恐怕会遭到诸侯的耻笑,所以想先召回孔子的弟子冉求。季康子提出这个要求以后,孔子便答应了,并把冉求送回鲁国。在送冉求时,子贡叮嘱他要是被重用了,要想着把老师请回去。

回到鲁国以后,冉求的仕途非常顺利,他也一直试图让鲁国君主召回孔子,却因为鲁国大夫们的反对而不断推迟。

所以从五十六岁至六十九岁，孔子一直流亡于卫、陈、曹、宋、郑、蔡、楚等周边国家。在这十四年周游列国的时间里，孔子有时候受到君主与权贵的礼遇，有时候会碰触到这些人的利益而遭到冷遇与嫉妒。在这段时间里，孔子曾经四次遭遇生死关头，还曾被乱贼挡住了去路，忍饥挨饿十多天，总之是非常艰辛的一段旅程。在这个过程里，孔子曾为了出仕而四处游说，也开展了许多政治启蒙活动与教育活动以传播他的思想。他亲身经历了春秋时代黑暗无道的政治，对此有了更深刻的体察，也明白了天下与自己的天命，并更进一步地修养品德、磨炼心性，孔子的这番经历堪与西方后来的苏格拉底相媲美了。当时苏格拉底同样身处雅典乱世，他冒着生命危险与当权者和未来的权贵做斗争，开展了二十多年的在野政治与启蒙活动。所以，当孔子结束周游列国的生活、回到鲁国时，他的政治哲学已经相当成熟，基本上已经成型了，只需要整理即可。

下面这件事发生在孔子刚到卫国的时候。孔子在卫国，寄住在子路妻子的兄长家里。卫灵公照着孔子在鲁国时候的俸禄，也给他六万斗的俸米。过了不多久，有人向卫灵公说了孔子的坏话，卫灵公就派人用兵仗监视孔子的出入。孔子害怕在这里获罪，居住了十个月，就离开了卫国去了陈国。

孔子要到陈国去的时候，经过一个叫匡的地方，被匡人误作了阳虎，而阳虎曾经戕害过匡人，于是匡人就围困了孔子，困了整整五天，后来孔子勉强与卫国的一个大夫拉上关系，才被放了出来。孔子在这个大夫的家里待了一段时间，在那里看到了卫灵公与其夫人的所作所为，感到非常失望，于是掉转方向，途经曹国到了宋国。有一天，孔子与弟子们在大树下演习礼仪，宋国的无赖之徒司马桓魋想杀死孔子，就把大树砍掉了，孔子的弟子们都非常惊慌，想要快点离开。孔子劝慰他们说："上天既然把传道德的使命赋予我，桓魋他又能把我怎样！"但孔子最终还是不得不离开宋国。

孔子到了郑国，与弟子们走失散了，孔子一个人站在外城的东门。郑国人有人看见了孔子，就对子贡说："东门有个人，他的额头像唐尧，脖子像皋陶，肩膀像子产（郑国的相国），可是从腰部以下比禹短了三寸，一副狼狈不堪、没精打采的样子，真像一条丧家狗。"子贡见到孔子以后把原话如实地告诉了孔子，孔子高兴地说道："他形容我的相貌，不一定对，但说我像条丧家之狗，对极了！对极了！"

所谓的"丧家之狗"，是指失去了主人，没有人喂、没有人照顾的狗，用来形容与这种狗处境相同的人，比喻四处受人轻贱、卑躬屈膝讨饭的可怜之状。在孔子生活的时代，要度化像盗跖一样顽固的人，就算听到别人说自己像丧家之狗，也必须要走近他们、勉励他们。

司马迁的《史记》里还记载了这样一段故事（源自《乾凿度》?）。四十岁以后，孔子很喜欢研究《周易》，他曾经占卜过自己后半生的情况，得到了"火山旅"之卦，这个卦代表着一种艰辛的旅人生活，预示着将要四处漂泊。即便是通晓世间万事道理的圣人，他的后半生也只能像是一个旅人、一只丧家之狗一样生活。

孔子一行人路过匡地附近一个叫蒲的地方，正好遇上公叔氏一族的叛乱，他们的士兵挡住了孔子的去路。恰好孔子的弟子中有个叫公良孺的，自己带了五辆车子跟随孔子周游各地。他这个人身材高大，有才德且有勇力，他对孔子说："我从前跟随老师周游在匡地遇到危难，如今又在这里遇到危难，这是命里注定的吧。我怎么会怕死呢？宁可在此搏斗而死。"孔子的弟子们拼上性命跟蒲人厮打，蒲人害怕了，就对孔子说："如果你不到卫国去，就放你们走。"孔子与他们订立了盟约，才从这里出去了，然后到了卫国。子贡说："盟约可以违背吗？"孔子说："在要挟下订立的盟约，神是不会认可的。"

卫灵公听说孔子到来，亲自赶到郊外迎接。但卫灵公年事已高，懒得处理政务，也不起用孔子。有一天，卫灵公突然向孔子问起军队列阵作战的事，卫灵公与孔子谈话的时候，看见空中飞来大雁，就只顾抬头仰望，无视孔子的存在。孔子于是长叹了一声说："如果有人起用我，一年时间就差不多了，三年就会大见成效。"孔子只好离开了卫国。

孔子在陈国待了一年的时间，然后又去了蔡国，第二年再次去了叶地，叶公问孔子为政的道理，孔子说："为政的道理在于招纳远方的贤能，使近处的人归服。"有一天，叶公向子路问孔子的情况，子路不回答。孔子听说这件事后就对子路说："仲由，你为什么不对他说：'他这个人呀，学习起道理来不知疲倦，教导人全不厌烦，发愤学习时忘记了吃饭，快乐时忘记了忧愁，以至于连衰老就将到来也不知道'。"

孔子离开楚国的叶地回到蔡国，在路上遇见长沮、桀溺两人并肩耕田。桀溺对子路说："天下到处都在动荡不安，而谁能改变这种现状呢？况且你与其跟随躲避人的人，还不如跟随避开整个社会的人呢！"孔子听了这话以后，失望地说："人是不能与飞禽走兽合群共处的，如果不同世上的人群打交道还与谁打交道呢？如果天下太平，我也用不着到处奔走想改变这个局面了。"这就意味着，虽然天下黑暗无道，但孔子仍然要参与到现实政治之中去，以改变这个黑暗无道的世界。

孔子原本持有一种消极的出仕观，他说："天下有道则见，无道则隐。邦有道，贫且贱焉，耻也；邦无道，富且贵焉，耻也（天下有道就出来做官，天下无道就隐居不出。国家有道而自己贫贱，是耻辱；国家无道而自己富贵，也是耻辱）。"他还说："邦有道，则仕；邦无道，则可卷而怀之（国家政治清明时他做官，国家政治黑暗时他便隐退藏身了）。"但是在这里，孔子表现出了一种相当积极的出仕观，即一种革命性的政治参与理论——既然天下黑暗无道，那就努力去改变它。

凤兮！凤兮！
何德之衰？

孔子迁居到蔡国三年，孔子住在陈国和蔡国的边境上，楚国听说以后便派人去聘请孔子。孔子正要前往拜见接受聘礼，陈国、蔡国的大夫很害怕，就商议说："孔子是位有才德的贤人，他所指责讽刺的都切中诸侯的弊病。如果孔子在楚国被重用，那么我们陈蔡两国的大夫们就危险了。"于是他们就派了一些人把孔子围困在野外。孔子没办法去楚国，粮食也断绝了。跟从的弟子饿病了，站都站不起来。孔子却还在泰然自若地给大家讲学、朗诵诗歌、弹琴。子路很生气地来见孔子："君子也有困窘的时候吗？"孔子说："君子在困窘面前能坚守节操不动摇，人小遇到困窘就会不加节制，什么过分的事情都做得出来。"这时子贡的脸色也变了。孔子说："你认为我是博学强记的人吗？不是的。

我是用一种基本原则贯穿于全部知识之中的（一以贯之）。"

然后孔子又问子路、子贡、颜回说："《诗经》上说'不是犀牛也不是老虎，然而它却徘徊在旷野上'，难道是我们的学说有什么不对吗？我们为什么会落到这种地步呢？"子路说："大概是我们的德行还不够吧？所以人家不信任我们；想必是我们的智谋还不够吧？所以人家不放我们通行。"

孔子说："假使有仁德的人必定能使人信任，哪里还会有伯夷、叔齐饿死在首阳山呢？假使有智谋的人就能畅行无阻，哪里会有王子比干被剖心呢？"然后子贡回答说："老师的学说博大到极点了，所以天下没有一个国家能容纳老师，老师何不稍微降低一些您的要求呢？"

孔子说："赐（子贡的名）啊，君子能够修明自己的学说，用法度来规范国家，用道统来治理臣民，但不能保证被世道所容，如今你不修明你奉行的学说却自我贬低，去追求被世人接纳。"最后颜回回答说："老师推行自己的学说，不被天下接受又有什么关系呢？道已大修而不为天下所用，那是诸侯的耻辱啊！天下不容，又有什么关系呢？不容，然后才显示我们是君子！"

孔子听了欣慰地笑着说："是这样的啊，姓颜的小伙子！假使你有很多钱财，我愿意给你做管家。"孔子非常喜欢弟子颜回，可惜颜回非常短命，活到三十二岁就死了，孔子大恸，甚至到了怨恨上天的地步。

当孔子被陈国与蔡国的大夫派出的人包围，陷入四面楚歌的境地之时，孔子便把擅长外交的子贡派到楚昭王那里去，楚昭王调动军队前来迎接、护卫孔子来到楚国。楚昭王想把七百里的地方封给孔子，七百里地上有两万户的人口，是相当大的一片土地了，但这次楚国的令尹子西阻止说："大王派往各侯国的使臣，

第八章 论拼缀（patchwork）文明

有像子贡这样的吗？大王的左右辅佐大臣，有像颜回这样的吗？大王的将帅，有像子路这样的吗？大王的各部主事官员，有像宰予这样的吗？"昭王边摇头边回答说："没有。"

子西接着说："况且我们楚国的祖先在受周天子分封时，封号是子爵，土地是方圆五十里。想当年，文王与武王也只有百里之地，最终能统治天下。现在孔丘讲述三皇五帝的治国方法，申明周公、召公辅佐周天子的事业，大王如果任用了他，那么楚国还能世世代代保有方圆几千里的土地吗？现在如让孔丘拥有了根据地，再加上那些有才能的弟子辅佐，这不是楚国的福音啊！如何还能威风凛凛地保存世代统治的方圆数千里的土地呢？"昭王听了就打消了原来的想法，孔子只能回到卫国去。

就在孔子一行人将要越过楚国边境的时候，楚国的狂人接舆唱着歌走过孔子的车子，他说："凤凰呀，凤凰呀，你的美德为什么这么不景气？过去的不能再挽回，未来的还可以再赶得上，算了吧，算了吧！现在从政的人都是很危险的啊！"孔子下了车，想和他谈谈，但他却快步走开了。

孔子从楚国返回了卫国，这一年孔子六十三岁，是鲁哀公六年。孔子的弟子冉求应鲁国季康子之召回到鲁国以后，已经升任为将军。几年以后，他在郎地与齐国作战，建立了不小的功勋，冉求得到了季康子的信任，他想说服季康子。季康子问冉求说："您的军事才能，是学来的呢？还是天生的呢？"冉求回答说："我是从孔子那里学来的。"季康子又问："孔子是怎样的一个人呢？"冉求回答说："如果任用他，那么国家的声望会提高，他的学说不论是传播到百姓中，还是对质于鬼神前，都是没有遗憾的。如果他跟我做的是相同的事，那么即便给他数千社（二千五百户人家）孔子也是毫不动心的。"康子说："我想召请他回来，可以吗？"冉有说："只要不让小人从中阻碍他，就可以了。"

在孔子六十八岁（公元前483年）这年，季康子终于让冉求带着礼物迎接迎孔子，这时孔子已经阔别鲁国十四年了，在周游列国的岁月里，他曾听别人说他如丧家之狗，一路上风餐露宿，终于这种漂泊的日子结束了，而他的人生也只剩下四年的时间了。那么，孔子要如何书写人生最后的篇章呢？

从心所欲
不逾矩

　　回到鲁国以后，孔子专注于学术与授徒。有一天，鲁哀公向孔子问为政的道理，孔子回答说："为政最重要的是选择好大臣。要举用正直的人，置于邪曲之人的上面，那样就使邪曲的人变为正直的人了。"季康子忧虑盗窃，孔子说："如果你自己没有欲的话，就是给奖赏，人们也是不会去偷窃的。"
　　季康子因为赋税政策与孔子发生了矛盾，他通过冉求向孔子征询田赋法的意见。这种税法会根据土地面积来征收赋税，会加重老百姓的负担。孔子拒绝向季康子提供咨询，并且私下对冉求说："君子施予的时候要讲丰厚，做事的时候要中正，收赋税的时候要尽量少，如果这样，按照过去的税法就已经够了。如果不按过去的礼制，贪得无厌，就算是田赋出来更多，仍是不够用的。如果只是暂时的权宜之计，为什么又派你来访问我呢?"

但是第二年春天，季氏仍然施行了田赋法。季氏已经比鲁国第一代君主周公更加富有了，但冉求仍然继续收取赋税，送给季氏，孔子大怒，他说："冉求不能再算我的门徒，你们这些学生可以鸣鼓去攻击他。"

孔子的这些主张在《论语·雍也》之中总结得很好，他说"君子周急不济富"。

这天下太黑暗无道了，最后孔子终于满怀着失望，不再参与政治，而是把剩余的人生贡献在了学术、编纂、教育上面了。

于是孔子的学堂不断壮大，弟子不断增多，所以任命他的孙子子思为学堂之"宰"（总管），用今天的说法，孔子就是大学的董事长，而子思则是校长。从记载可知，这所学校有近一千名学生，是一所规模很大的学校。

孔子放弃了出仕的想法，而专注于学术与教育，这对于东方来说具有巨大的历史意义，因为这意味着学术与教育开始独立于国家之外，可以把它作为一种专业去追求。到了孟子时代，这种传统得到了更进一步巩固，后来确立为朝鲜与中国孔门的共同传统。今天，东亚人高涨的学习热忱与教育热情就来源于此。

晚年的孔子遭遇了许多不幸之事，他的儿子与弟子接连死去。在他回到鲁国的那一年，他的独子伯鱼去世，第二年他的首席弟子颜回去世，再次年子路又去世了。颜回是年纪轻轻病死了，而正直的子路为了坚守对卫君的道义而战死。

最后，死亡终于逼近了孔子。在他去世的前七天，孔子就预见到了自己的死亡，他早上早早地起床，拄着拐杖，用低沉的声音唱道："泰山要倒了！梁柱要断了，哲人要死了！"唱完以后，他在病床上躺了七天，然后就去世了，享年七十三岁，这一天是鲁哀公十六年（前479）阴历四月十一日，临终前他的弟子子贡、曾参环绕四周，鲁哀公为他作了一篇悼词说："老天爷不仁慈，不肯留下这位老人，使他扔下我，孤零零一人在位，我孤独而又伤痛。啊！多么痛！尼父啊，我自己不知道怎么办好了！"

对此，子贡感到非常愤怒，他说："鲁君将不能在鲁国终老！用老师的话说：'法丧失就会昏乱，名分丧失就会产生过失。丧失了意志就会昏乱，失去所宜就会出现过错。'老师活着的时候鲁君不能用他，死了却作祭文哀悼他，这是不合礼的；以诸侯身份称'余一人'，是不合名分的，鲁君把两个都失去了。"十年后，鲁哀公与三桓发生矛盾，子贡的话果然应验，鲁哀公没有能够在鲁国终老。

孔子死后葬在鲁城北面的泗水岸边，弟子们都为他服丧三年，只有子贡在墓旁搭了一间小房住下，又守了三年，守墓总共六年，然后才离去。孔子的弟子及鲁国的其他人，相率前往墓旁居住，因而就把这里命名为"孔里"。

鲁国世世代代相传，新年时都要到孔子墓前祭拜，而儒生们也在这时来这里讲习礼仪，行饮酒、比射等仪式。后来，孔子故居的堂屋就改成了孔子庙，孔子的子孙又世世代代把他们过世的父亲埋葬在孔庙的附近，于是墓地的面积不断扩大，形成了一片巨大的林地。不知从何时起，人们开始把孔子的墓与这些墓总称为"孔林"，王的墓地称为"陵"，而圣贤的墓地与之相对比，尊称为"林"就是源于此。孟子的墓地被尊称为"孟林"，也是同样的缘故。

孔子超群绝伦的
认识论

西欧的理性主义者认为，人们的理性可以认识、支配世间万物，这种看法陷入了"无限的知性主义"之中，导致科学的教条与征服自然等意识形态的种种弊端。认识论之所以重要，就是因为人类的许多问题就源于错误的认识论。

"学而不思则罔，思而不学则殆"，这句话出自《论语·为政》。这个命题是孔子认识论的基本命题，与西欧哲学形成了鲜明对比。

孔子周游列国十四年，比起理性，他更加重视经验。孔子"主学而从思"与"温故知新"的经验论与西欧理性主义者所提倡的"先验"（本有的）、"全知"的知性主义恰好是对立的，东西方的世界观走上了两条不同的道路。

经验主义者认为，人们要以多闻多见的经验为基础，从中广泛学习，然后适时进行复习，在学习新知识的过程里获得巨大的喜悦。所以《论语》的第一句便是"学而时习之，不亦乐乎"。

孔子所说的"学"不仅仅指从老师或书上学习，从广义上来说，"学"是指从大自然与世界之中亲身去学习，也就是去获得"经验"。《论语·子张》中下面的内容体现出，学习并不限于特定的地点或老师。

卫国的公孙朝问子贡说："仲尼（孔子的字）的学问是从哪里学来的？"子贡说："我们老师何处不学，又何必要有固定的老师传播呢？"

通过学习来解释人们直接、间接的经验，而这些经验之中包含了对普通人、世间万物、自然与社会世界的接触。子曰："三人行必有我师"，他教育弟子们要把不特定的大多数视为老师，从他们身上去学习，所以孔子所谓的"学"与世间的经验无异。

在西欧哲学里面，"learning"即"学习"这个词，与孔子的"学"一样，也经常指"经验"。艾萨克·牛顿、大卫·休谟等英国经验主义者也经常把"学习"与"经验"这两个词语结合起来使用。比如牛顿曾经说："我们从经验之中学习"，而休谟也曾经说"我们只能从经验中学习"，"我们从历史中学习"等。从自然与社会中学习，意味着自然与社会是人们不特定的老师，他们给我们提供经验，教育着我们。作为一个折中的理性主义者，卢梭部分地接受了经验主义者的理论，他在《爱弥儿》之中曾经说过："自然本性、人类、世间万物教育着我们。"牛顿与休谟的"学习"、卢梭的"教育"与孔子所说的"学"或不特指的老师的教育都是一样的，全部都是指"经验"。

孔子有周游列国的经历，又重视世间经验，他的认识论当然会认为理性主义方法是危险的,并且肯定会拒绝这种理论,因为理性主义轻视经验,试图通过纯粹的思维获得知识,属于"思而不学"。

孔子曾这么评价自己,他说:"我非生而知之者,好古,敏以求之者也",在这里,他表明自己并非是全知的神,或是被神化的圣人、超出凡人的先知,而是一个"人",这一点与佛陀或耶稣之间有着鲜明的区别。

孔子所说的"古"并非指"旧的东西、老的东西",而是指或远或近的过去经验或者说经验资料。"好古"也就意味着"重视经验",也就是说"忠实于经验"。

孔子所说的"生而知之"指的是"天生的知识",这与柏拉图所说的"理念"、笛卡儿所说的"固有观念"、康德所说的"先验范畴"是同样的东西。但对于孔子来说,生而知之者是神、圣人、先知,这讽刺了那些傲慢的理性主义者,因为他们妄想先验的"固有观念"是生而有之的。所以孔子说"我非生而知之者,好古敏以求之者",换句话说就是"我是一个经验主义者,而不是一个理性主义者"。

"学而不思则罔,思而不学则殆"这一命题的主旨则在于"首先要学习,其次再通过思考来进行加工",简而言之就是"学而思",而"学而思"正是孔子认识主义论的主旨所在。

总之,"学而不思则罔,思而不学则殆"完整的意义如下:"只去经历、不去思考,便不能获得学识,所以理论上是空虚的。只思考不去经历,单纯地凭借思维,那么便是没有依据的空想,容易陷入教条的谬误之中,是非常危险的。"

一言以蔽之,孔子的观点就是"主学而从思",以经验为主,以思维为从属,这与"下学而上达"的学术方法论是一致的,即向下学习浅显的世间万事，向上通达深奥的天理。这种"学而思"的方法论既不偏向于那些把经验知识绝对化的朴素经验论，也不偏向于把教条视为必然真理的理性主义理论，它是一种谦逊的、中庸的认识方法。

孔子在《论语·卫灵公》之中一语道破天机："人能弘道，非道弘人。"何为道呢？从广义来说，"道"可以指宇宙的本体或真理，而这里的"道"可以理解为人们应当遵守的道理，或是生活规范。

对人类有益的知识诞生于普通百姓的喜怒哀乐与汗水的味道之中，而这些老百姓是在广阔的世界里生活、呼吸的，这是一种"经验的近道"，是通过经验接近"道"的。这些有益的知识既不像柏拉图、笛卡儿、康德、黑格尔、尼采所主张的那样，诞生于天才小小的脑袋里，也不是像米歇尔·福柯（M.Foucault）在《规训与惩罚》之中所怀疑的，诞生于拷问架的呻吟与战场上的炮火之中。

与"经验的近道"相对的概念是"理性的得道"，理性主义者企图以所谓"固有观念"为根据，从人们小小的脑袋里炮制出逻辑，以求"得道"，但这种"固有观念"根本就不存在。他们曾提出，他们的知识是权力的正统。这些理性的得道者绞尽脑汁创造出"真理"，几乎不需要百姓的协助或多闻多见。得道者的理性知识把经验性知识污蔑为"动物的知识"，那么这些理性得道者必然会凌驾于百姓的头上，因为百姓是"无知"的、没有理性知识的。自柏拉图提出"哲人统治者"的主张以来，后世陆续产生了无数的变种，比如笛卡儿与卢梭的"哲人立法者"，莱布尼茨与康德的"哲人王"，尼采的"超人"与希特勒的"哲人总统"，等等，都是如此。

总而言之，经验主义近道的一个个知识支撑着人们，理性主义得道的绝对知识则把一般人踩到脚下，并试图支配人们，因为理性主义认为人们可以凭借理性掌握真理。那么，健康的市民社会究竟应该倾向于哪一种，也就不言自明了。

参考文献

1. Christian Wolff, *Oratio de Sinarum philosophia practica* (Hamburg: Felix Meiner Verlag, 1985), 13.
2. Christian Wolff, *Oratio de Sinarum philosophia practica*, Anmerkung 20.
3. Michael Albrecht, "Einleitung", Christian Wolff, *Oratio de Sinarum philosophia practica*, LI.
4. Voltaire, "China", *Philosophical Dictionary* (London: W. Dugdale, 1843).
5. John J. Clarke, *Oriental Enlightenment: The Encounter between Asia and Western Thought* (London·New york: Routledge, 1997), 48.
6. Adolph Reichwein, *China and Europe* (Berlin: 1923), 160~167.
7. *The Encyclopaedia Britannica* (11th edition), "Christian Wolff".
8. Christian Wolff, *Psychologia empirica*. Christian Wolff, *Gesammelte Werke* II. Bd. 5, § 909, S.685f. Michael Albrecht, "Einleitung", LXXXII中再引用。
9. Christian Wolff, *Psychologia practica universalis* (1739). Christian Wolff, *Gesammelte Werke* II, Bd. 11, § 584, S.542f. Michael Albrecht, "Einleitung", LXXXIII中再引用。

10. Christian Wolff, *Psychologia moralis sive Ethica*(1750~1753). Christian Wolff, *Gesammelte Werke* II, Bd. 12.1, § 54, S.75f. Michael Albrecht, "Einleitung", LXXXI中再引用。

11. Johanna M. Menzel, "The Sinophilism of J. H. G. Justi", *Journal of the History of Ideas*, vol. 17, no. 3(June 1956), 303.

12. Donald F. Lach, "The Sinophilism of Christian Wolff(1679~1754)", *Journal of the History of Ideas*, vol. 14, no. 4(October 1953), 570~571.

13. Donald F. Lach, "The Sinophilism of Christian Wolff", 572~573.

14. Donald F. Lach, "The Sinophilism of Christian Wolff", 573.

15. Jakob Friedrich Müller · Wahres Mittel, *alle Puncten, worüber zwischen Herren …Wolffen und seinen Gegnern biβher gestritten worden, leicht einzusehen*…(Frankfurt am Main: 1726), 288页. Michael Albrecht, "Einleitung", LXX中再引用。

16. Louis Moland(ed.), *Oeuvres complètes de Voltaire*, vol. 10(Paris: 1877, Nachdruck: Nendeln/Liechtenstein, 1967), 312页。Michael Albrecht, "Einleitung", LIII中再引用。

17. Marco Polo, *The Travels of Marco Polo*, J. Masefield(trans.)(Harmondsworth: Penguin, 1958), 213页, 218页. Colin Mackerras, *Western Images of China*(Hongkong·Oxford·New York : Oxford University Press, 1989), 19页中再引用。

18. François Quesnay, "Despotism in China" (1767), Lewis A. Maverick(trans.), *China: A Model for Europe*, vol. II(San Antonio in Texas: Paul Anderson Company, 1946), 142~143.

19. Francis Bacon, *The New Organon*(1620), book I,

CXXIX(129).

20.John M. Hobson, *The Easter Origins of Western Civilization*(Cambridge·New York: Cambridge University Press, 2004·2008), 54.

21.Voltaire, *Ancient and Modern History(Essai sur les moeurs et l'esprit des nations)* (Akron[Ohio]: The Werner Company, 1906), 27~28.

22.Joseph Needham, "*Science and China's Influence on the World*", in: Raymond Dawson(ed.) The Legacy of China(Oxford·London·New York: Oxford University Press. 1914), (1964), 242~244.

23.Michael Albrecht, "Einleitung", IX.

24.John Arthur Passmore, *The Perfectibility of man*(Indianapolis: Liberty Fund, 2000), 244页 脚注。

25.Lewis A. Maverick, *China: A Model for Europe*, 10.

26.Domingo Fernandez Navarrete, *An Account of the Empire of China*(Madrid: 1675; 英译本 1681). Lewis A. Maverick, *China: A Model for Europe*, 从14~5页再引用。

27.John M. Hobson, *The Easter Origins of Western Civilization*, 从194页再引用。

28.Luise LeComte, *Nouveaux mémoires sur l'état present de la Chine*(Paris: 1696) ; *Memoirs and Observations made in a Late Journey through the Empire of China*(London: 1697). Lewis A. Maverick, *China: A Model for Europe*, 从17~18页再引用。

29.Jean-Baptise Du Halde, *The General History of China*: Containing A Geographical, Historical, Chronological, Political and

Physical Description of the Empire of China, Chinese: Tatary, Corea and Thibet(Paris: 1835), vol. 4 in four vols., Brookes(trans.)(London: Printed by and for John Watts at the Printing-Office in Wild Court near Lincoln's Inn Fields, 1736).

30.Montesquieu, *The Spirit of the Laws*(1748), Anne M. Cohler·Basia-Carolyn Miller·Harold Samuel Stone(trans.·eds.) (Cambridge·New York etc.: Cambridge University Press, 1989·2008), 278~280.

31.Lewis A. Maverick, *China: A Model for Europe*, 25~26.

32.Lionel M. Jensen, *Manufacturing Confucianism* (Durham.London: Duke University Press, 1997·2003), 119.

33.Michael Albrecht, "Einleitung", XII~XIII.

34.*Spectator*(25 June, 1712). Adolph Reichwein, *China and Europe*, 从114页再引用。

35.Adolph Reichwein, *China and Europe*, 118.

36.Ludwig Unzer, *Über die Chinesische Gärten*(1773), 38.

37.G. F. Hudson, "China and the World", Raymond Dawson(ed.), *The Legacy of China*(Oxford·London·New York: Oxford University Press, 1964·1971), 352.

38.Lewis A. Maverick, *China: A Model for Europe*. "Preface", xi.

39.François Quesnay, *Despotism in China*, 189.

40.Adolph Reichwein, *China and Europe*, 从105页再引用。

41.Voltaire, *Ancient and Modern History*, 25.

42.Diogenes Laertius, "Book X-Epicurus", *Lives of the Eminent Philosophers* vol. II, R. D. Hicks(Trans.)(Harvard University

Press, 1925), § 120b.358 359.

43.Epicurus, "Sovran Maxims" (Principal Doctrines), § 28~40.

44.Bernard de Mandeville, *The Fable of the Bees, or Private Vices, Publick Benefits*(1714·1723), vol. II, 316(379).

45.Bernard de Mandeville, *The Fable of the Bees, or Private Vices, Publick Benefits*.

46.Richard Cumberland, *A Philosophical Inquiry into the Laws of Nature*, Chapter I, § IV.

47.Shaftesbury, *Characteristicks of Men, Manners, Opinions, Times*(1737), vol. 1, 69~70.

48.Francis Hutcheson, *An Inquiry into the original of Our Ideas of Beauty and Virtue*(1725), treatises II, introduction; treatise II, section I, § I, III.

49.Francis Hutcheson, *An Inquiry into the original of Our Ideas of Beauty and Virtue*, treatise II, section III, § VIII.

50.Irene Bloom, "Fundamental Intuition and Consensus Statements: Mencian Confucianism and Human Rights", Wm. Theodore de Bary·Tu Weiming, *Confucianism and Human Rights*(New York: Columbia University Press, 1998), 102~104页. John Arthur *Passmore, The Perfectibility of Man*, 244.

51.John Arthur Passmore, *The Perfectibility of Man*, 244.

52.Gottfried Wilhelm Leibniz, "Preface", *Novissima Sinica*(1697), § 1.

53.Gottfried Wilhelm Leibniz, "Leibniz an Claudio Grimaldi" (21 März 1692), 94.

54.Gottfried Wilhelm Leibniz, "Leibniz an Claudio

Grimaldi" (19 Juli 1689), 84.

55. Gottfried Wilhelm Leibniz, "Preface", *Novissima Sinica*, § 3.

56. Gottfried Wilhelm Leibniz, "Preface", *Novissima Sinica*, § 2.

57. Gottfried Wilhelm Leibniz, "Preface", *Novissima Sinica*, § 3.

58. Gottfried Wilhelm Leibniz, "Preface", *Novissima Sinica*, § 4.

59. Voltaire, "Treatise on Tolerance", *Treatise on Tolerance and other Writing,* Simon Harvey(Cambridge: Cambridge University Press, 2000) 80~82页摘要中引用。

60. Gottfried Wilhelm Leibniz, "Remarks on Chinese Rites and Religion" (1708), *Writings on China*, Daniel J. Cook·Henry Rosemont, Jr.(trans)(Chicago·LaSalle: Open Court Publishing Company 1994), § 10.

61. Gottfried Wilhelm Leibniz, "Discourse on the Natural Theology of the Chinese" (1716), *Writings on China*, § 50.

62. 《论语》〈为政〉(2-17)。

63. Montesquieu, *The Spirit of the Laws*, 126~127.

64. Michel Foucault, *Surviller et punir. La naissance de la prison*(Paris: Gallimard, 1975). 德译本: *Überwachen und Strafen. Die Geburt des Gefängnisses*(Frankfurt am Main: Suhrkamp,1976).

65. Montesquieu, *The Spirit of the Laws*, 321.

66. Montesquieu, *The Spirit of the Laws*, 131~132.

67. Montesquieu, *The Spirit of the Laws*, 116.

68. Montesquieu, *The Spirit of the Laws*, 209~237.

69. Montesquieu, *The Spirit of the Laws*, 393.

70. Voltaire, *Essai sur les moeurs et l'esprit des nations et sur les principaux faits de l'histoire, depuis Charlemagne jusqu'à

Louis XIII(1756)(Paris: Garnier, 1963), vol. VIII, 212.

71. Voltaire, *Ancient and Modern History*, 26.

72. Voltaire, *Essai sur les moeurs et l'esprit des nations*…, vol. I, tome XI, chap.

73. Voltaire, *Ancient and Modern History*, 28~29.

74. Voltaire, *Ancient and Modern History*, 29.

75. Voltaire, "China", *Philosophical Dictionary*, 265.

76. Voltaire, "De la Chine au XVIIe siècle et au commencement de XIIIe", *Essai sur les moeurs et l'esprit des nations*…, vol. III, tome XI, chap. I.

77. Evariste Règis Huc, *L'Empire Chinois*(Paris: 1980), 79~87页, 298~303页, 317~319页. Paul Bailey, "Voltaire and Confucius", 从 820~821页再引用。

78. Voltaire, *Essai sur les moeurs et l'esprit des nations*…, vol. I, tome XI, chap. II.

79.《论语》〈颜渊〉(12-22), "樊迟问仁。子曰：爱人"。

80. Voltaire, "China", *Philosophical Dictionary*, 265.

81. Voltaire, *Ancient and Modern History*, 32页. 根据法语原文进行部分修改。

82. Voltaire, *Ancient and Modern History*, 33~34.

83. Voltaire, *Ancient and Modern History*, 33~34.

84. Voltaire, "China", *Philosophical Dictionary*, 265~266.

85. Voltaire, *Treatise on Tolerance*, 21~22.

86. Voltaire, "To the Most Noble Duke Of Richelieu…", "The Orphan of China" (1755), *The Works of Voltaire* (Akron[Ohio]: The Werner Company, 1906) vol. XV, 178.

87.Voltaire, "To the Most Noble Duke Of Richelieu…", 180.

88.Voltaire, "To the Most Noble Duke Of Richelieu…", 176.

89.Colin Mackerras, *Western Image of China*(Hongkong·Oxford·New York: Oxford University Press, 1989), 参照95.

90.Adolph Reichwein, *China and Europe*, 94.

91.Friedrich von Grimm, *Gorrespondance littéraire*(15 September, 1766). Reichwein, *China and Europe*, 从96页再引用。

92.Jacques Barzun, *From Dawn to Decadence: 500 Years of Wester Cultural life: 1500 to the Present*(New York: HarperCollins Publishers, 2001), 参照384.

93.Jean-Jacques Rousseau, "A Discourse on Political Economy" (1755), *The Social Contract and Discourses*, G. D. H. Cole(trans.)(London Vermont: J. M. Dent Orion Publishing Group, 1993), 12.

94.Jean-Jacques Rousseau, *Émile ou de l'Education*(1762), 518页, 贴在亲笔原稿上的卢梭的脚注(1801年第一次印刷)。

95.Lewis A. Maverick, *China: A Model for Europe*, 35页. Walter W. Davis, "China, the Confucian Ideal, and the European Age of Enlightenment", *Journal of the History of Ideas*, vol. 44, no. 4(1983), 请参照538.

96.Jean-Jacques Rousseau, "Economie ou Oeconomie", Jean Le Rond d'Alembert·Denis Diderot u. a., *Enzyklopädie*, Günther Berge(Chrsg.)(Frankfurt am main: Fischer verlag,1989), 105~108.

97.Jean-Jacques Rousseau, "Economie ou Oeconomie", 116~117.

98.Jean-Jacques Rousseau, "Economie ou Oeconomie",

119~120.

99.Adolph Reichwein, *China and Europe*, 从107~108页再引用。

100.Jean-Jacques Rousseau, "A Discourse on the Moral Effects of Arts and Sciences" (1750), *The Social Contract and Discourses*, 9.

101.François Quesnay, "Analyse du Tableau Economique", François Quesnay·Dupont de Nemours·Mercier de la Rivière·Baudeau·Le Trosne, *Physioctrates*(Paris: 1846), 104~105.

102.Jérome-Adolphe Blanqui, *Histoire de l'économie politique en Europe*(Bruxelles: 1839), 参照139页的例子。

103.Karl Marx, *Theorien über den Mebrwert*(1863), Marx Engels Werke(MEW), Erster Teil(Berlin: Dietz, 1979), 19.

104.François Quesnay, "Extract from the Royal Economic Maxims of M. de Sully", 1~2页脚注. François Quesnay, *Tableau économique* (3rd edition), Marguerite Kuczynski·Ronald L. 参照Meek(eds.)(London: MacMillan·New York: Augustus M. Kelly Publisher, 1972).

105.François Quesnay, "Extract from the Royal Economic Maxims of M. de Sully", "格律9".

106.François Quesnay, "Extract from the Royal Economic Maxims of M. de Sully", "格律24"的脚注。

107.《礼记》〈杂记下〉, 第21.

108.《论语》〈卫灵公〉(15-5)"子曰：无为而治者，其舜也与？夫何为哉？恭已，正南面而已矣。"

109.《论语》〈泰伯〉(8-18)"子曰：巍巍乎，舜禹之有天下也而不与焉。"

110.《礼记》〈哀公问〉, 第27.

111.司马迁,《史记列传》〈货殖列传〉"周书曰：农不出则乏其食，工不出则乏其事，商不出则三宝绝，虞不出则财财匮少。"

112.司马迁,《史记列传》〈龟策列传〉"何可而适乎？物安可全乎？天尚不全，故世为屋，不成三瓦而居之，以应之天，天下有阶，物不全乃生也。"

113.《左传》哀公11年。

114.《论语》〈季氏〉(16-1)"不患寡而患不均，不患贫而患不安，盖均无贫和无寡安无倾。"

115.参照《周礼》〈地官司徒〉,〈大司徒〉,〈均人〉。

116.《礼记》〈大学第四十二〉(传10章)"财聚则民散，财散则民聚。"

117.《孟子》〈梁惠王上〉(1-7).

118.《孟子》〈公孙丑上〉(3-5)."孟子曰……市廛而不征，法而不廛，则天下之商皆悦而愿藏于其市矣。关讥而不征，则天下之旅皆悦而愿出于其路矣。耕者助而不税，则天下之农皆悦而愿耕于其野矣。廛无夫里之布，则天下之民皆悦而愿为之氓矣。"

119.《孟子》〈尽心上〉(13-17)"孟子曰：无为其所不为，无欲其所不欲，如此而已矣。"

120.《孟子》〈尽心下〉(14-27)"孟子曰：有布缕之征，粟米之征，力役之征。君子用其一，缓其二。用其二而民有殍，用其三而父子离。"

121.《孟子》〈梁惠王上〉(1-3)"五亩之宅，树之以桑，五十者可以衣帛矣；鸡豚狗彘之畜，无失其时，七十者可以食肉矣；百亩之田，勿夺其时，数口之家可以无饥矣；谨庠序之教，申之以孝悌之义，颁白者不负戴于道路矣。"

122.《孟子》〈梁惠王下〉(2-5)"老而无妻曰鳏，老而无夫曰寡，老而无子曰独,幼而无父曰孤。此四者,天下之穷民而无告者。文王发政施仁,必先斯四者。"

123.《孟子》〈尽心上〉(13-22).

124.《孟子》〈梁惠王上〉(1-2).

125.《孟子》〈梁惠王下〉(2-2).

126.《孟子》〈梁惠王下〉(2-5).

127.《孟子》〈梁惠王下〉(2-5).

128.《孟子》〈梁惠王上〉(1-7).

129.《礼记》〈礼运〉"夫礼,必本于天,肴于地。"

130.《礼记》〈祭义〉"夫子曰:断一树,杀一兽,不以其时,非孝也。"

131.《孟子》〈尽心上〉(13-45)"亲亲而仁民,仁民而爱物。"

132.《孟子》〈尽心上〉(13-23)"孟子曰:易其田畴,薄其税敛,民可使富也。食之以时,用之以礼,财不可胜用也。民非水火不生活,昏暮叩人之门户,求水火,无弗与者,至足矣。圣人治天下,使有菽粟如水火。菽粟如水火,而民焉有不仁者乎?"

133.Adolph Reichwein, *China and Europe*, 104.

134.François Quesnay, *Despotism in China*, 141.

135.François Quesnay, *Despotism in China*, 141~142.

136.François Quesnay, *Despotism in China*, 157.

137.François Quesnay, *Despotism in China*, 157.

138.François Quesnay, *Despotism in China*, 172.

139.François Quesnay, *Despotism in China*, 205~206.

140.François Quesnay, *Despotism in China*, 239~240.

141.François Quesnay, *Despotism in China*, 245.

142.Montesquieu, *The Spirit of the Laws*, 128.

143. François Quesnay, *Despotism in China*, 246.

144. François Quesnay, *Despotism in China*, 247.

145. François Quesnay, *Despotism in China*, 264~165.

146. François Quesnay, *Despotism in China*, 302~303.

147. François Quesnay, *Despotism in China*, 264.

148. Adolph Reichwein, *China and Europe*, 从106页再引用。

149. Lewis A. Maverick, *China: A Model for Europe*, 参照125~126.

150. Walter W. Davis, "China, the Confucian Ideal, and the European Age of Enlightenment", 546.

151. Adolph Reichwein, *China and Europe*, 从104页再引用。

152. 老子,《道德经》, 第17章。

153. 司马迁,《史记列传下》〈货殖列传〉, 1172.

154. August Oncken, *Der ältere Mirabeua und die Okonomische Gesellschaft in Bern*(Bern: 1886), 21页. Hans C. Gerlach, "Wu-wei(无为) in Europe", 从33页再引用。

155. Urich im Hof, "Albrecht von Haller, Staat und Gesellschaft", *Albrecht Haller, 10 Vorträge gehalten am Bermer Haller-Symposium 6~8*(Bern: 1977), 43~66页. Hans C. Gerlach, "Wuwei in Europe", 从34页再引用。

156. Manfred Hettling, "Geschichtlichkeit-Zwerge auf den Schultern von Riesen", Jakob Tanner et al. *Eine kleine Geschichte der Schweiz*(Frankfurt am Main: 1998), 参照91~92.

157. John Morley, *The Life of Richard Cobden*, vol. 1(London: 1881), 28页. Hans C. Gerlach, "Wu-wei in Europe", 从39页再引用。

158. Hans C. Gerlach, "Wu-wei in Europe", 40.

159.Hans C. Gerlach, "Wu-wei in Europe", 43.

160.John Webb, *The Antiquity of China*(1678), 47页, 87页, 92页. Marshal·Williams, *The Great Map of Mankind*, 从22页再引用。

161.Sir William Temple, *The Works of William Temple*(London: Printed by S. Hamilton, Weybridge, 1814), iii, 340页. Marshal·Williams, *The Great Map of Mankind*, 从23页再引用。

162.W. Appleton, *A Cycle of Cathay: The Chinese Vogue in England in the Seventeenth and Eighteenth*(New York: Colombia University Press, 1951), 50页. John J. Clarke, *Oriental Enlightenment*, 从51页的再引用部分再次引用。

163.Samuel Johnson(Eubulus), "Letter to the Editor", *Gentleman's Magazine* 8(1738), 365页. Edmund Leites, "Confucianism in eighteenth-century England": "Natural morality and social reform", *Philosophy East and West* no. 2(28, April 1978), 从148~149页再引用。

164.Eustace Budgell, *A Letter to Cleomenes*(London: A. Moore, 1731). Edmund Leites, "Confucianism in eighteenth-century England", 从149页再引用。

165.Edmund Leites, "Confucianism in eighteenth-century England", 151.

166.David Hume, "Of the Rise and Progress of the Arts and Science" (1742), Hume, *Political Essays*, Knud Haakonssen(ed.) Cambridge·New York·Melbourne: Cambridge University Press, first Published 1994. Fifth printing 2006).

167.David Hume, "Idea of a Perfect Commonwealth" (1752), *Political Essays*, 230.

168.James Madison, "The Same Subject Continue" (Federalist Paper no. 19), Alexander Hamilton·James Madison·John Jay, 参照 *The Federalist Papers*(New York·London: New American Library, 1961·2003). 另外参照 Stanley Elkins·Eric McKitrick, *The Age of Federalism*(New York·Oxford: Oxford University Press, 1993), 87.

169.David Hume, "Of the Rise and Progress of the Arts and Science", *Political Essays*, 66.

170.David Hume, "Of National Characters" (1748), *Political Essays*, 83.

171.David Hume, "Of Superstition and Enthusiasm" (1741), *Political Essays*, 49页及脚注。

172.David Edmonds·John Eidinow, "Enlightened enemies", *The Guardian*(29 April, 2006).

173.Nolan Pliny Jacobson, "The Possibility of Oriental Influences in the Philosophy of David Hume", *Philosophy East and West*(1 January 1969), 32.

174.David Hume, *An inquiry concerning the Principles of Morals*(1751), Tom L. Beauchamp(ed.)(Indianapolis: The Liberal Arts, 1978), 57~58.

175.David Hume, "Of Civil Liberty" (1741), *Political Essays*, 52.

176.David Hume, "Of Commerce" (1752), *Political Essays*, 98.

177.Adam Smith, *Wealth of Nations*, ※서지 III. iv. 3~4, 412.

178.Karl Marx, *Das Kapital* I, 375页脚注57.

179.Leslie Young, "The Tao of Markets: Sima Quian and the Invisible Hand", *Pacific Economic Review* (1, 1996),参照142.

180.André Morellet, *Mémoires sur le XVIIIe siècle et la Révolution*(Paris: 1821), 244页。Adam Smith, *Wealth of Nations*, 672页, 从W. B. Todd的注释中再引用。

181.Adam Smith, *Wealth of Nations*, 672页, W. B. Todd的注释。

182.Adam Smith, *Wealth of Nations*, III. iv. 1~4页, 411~412。

183.Adam Smith, *Wealth of Nations*, IV. ii. 9页, 456。

184.Mandeville, *The Fable of the Bees*, vol. I, 299-300(342)。

185.司马迁,《史记表,书》〈平准书〉。

186.司马迁,《史记列传下》〈货殖列传〉。

187.司马迁,《史记列传下》〈货殖列传〉。

188.Leslie Young, "The Tao of Markets: Sima Quian and the Invisible Hand", 参照144。

189.John M. Hobson, *The Easter Origins of Western Civilization*, 51。

190.Peter J. Golas, *Science and Civilization in China*, vol. 13(Cambridge: Cambridge University Press, 1999), 190~197页; Robert Temple, *The Genius of China*(London: Prion Books, 1999), 119~120。

191.Robert Temple, *The Genius of China*, 186。

192.William Hardy McNeil, *The Pursuit of Power*(Oxford: Blackwell, 1982), 29~30。

193.Donald F. Lach·Edwin J. Van Kley, *Asia in the Making of Europe* III(Chicago: Chicago University Press, 1993), 1598页脚注209。

194.Robert Temple, *The Genius of China*, 20。

195.Susan Naquin·Evelyn Rawski, *Chinese Society in the*

Enlightenment Century(London: Yale University Press, 1987).

196.Robert Marks, *Tigers, Rice, Silk and Silt*(New York: Cambridge University Press, 1997).

197.Witold Rodzinski, *A History of China*(Oxford: Pergamon Press, 1979), 197.

198.Philip D. Curtin, *Cross-Cultural Trade in World History*(Cambridge: Cambridge University Press, 1984), 169.

199.Clive Ponting, *World History*(London: Chatto and Widus, 2000), 520.

200.Luise E. Levathes, *When China Ruled the Seas*(London: Simon and Schuster, 1994), 20.

201.Felipe Fernandez-Armesto, *Milleinium*(London: Black Swan, 1996), 129页, 134.

202.Paul A. Bairoch, "The Main Trends in National Economic Disparities since the Industrial Revolution", Paul A. Bairoch·M. Levy-Leboyer(eds.), *Disparities in Economic Development since the Industrial Revolution*(London: Macmillan, 1981), 7.

203.Paul Kennedy, *The Rise and Fall of the Great Powers: Economic Change and Military Conflict from 1500 to 2000*(New York: Random House, 1987), 参照148.

204.Adam Smith, *Wealth of Nations*, I. xi. 34(208).

205.Jeong Sunu,《私塾的社会史》(太学社, 2013), 6.

206.Tsien Tsuen-Hsuin, *Science and Civilization in China*, vol. 1(Cambridge: Cambridge University Press, 1985), 132~172页; 303~313.

207.G. F. Hudson, *Europe and China*(Boston: Beacon Press,

1961), 168.

208.P. Du Halde, *The General History of China* (London: John Watts, 1736), 387. (佩雷吉斯Pere Regis的备忘录摘录本)

209.Pierre Poivre, *Voyages d'un philosophe* (1769).

210.柳成国,《东方哲学研究》(东方学术研究院, 1988), 13~14.